Jo-Jo

Sprachbuch 4

Erarbeitet von

Frido Brunold, Susanne Mansour,
Sandra Meeh, Henriette Naumann-Harms,
Monika Praast, Rita Stanzel, Martin Wörner

Fachliche Beratung zur Silbenstrategie,
zum Verlängern, zum Ableiten und zu Merkwörtern

Günter J. Renk

Inhalt

Themenkapitel

Arbeitstechniken

Richtig schreiben

Sprache untersuchen

Texte verfassen

Miteinander

Ich war gespannt auf Mathematik.

Ich dachte, der Hausmeister ist der Schulleiter.

Ich hatte Angst, weil ich noch nicht so gut Deutsch sprechen konnte.

Ich wollte den Jojo mit nach Hause nehmen.

Ich freute mich auf die Hofpause.

Gleich am ersten Schultag wurde Lisa meine Freundin.

Ich hatte Angst vor den wilden Viertklässlern.

① Betrachtet das Bild und lest die Sprechblasen. Findet ihr die Kinder auf dem Klassenbild?

② Wie war das bei eurem Schulanfang? Erzählt von euren Erlebnissen und Gefühlen.

③ Schreibt auf Kärtchen eine schöne und eine weniger schöne Erinnerung an euren Schulanfang. Klebt sie auf ein Plakat. **Oder:** Bringt Fotos von eurem eigenen Schulanfang mit und stellt sie der Klasse vor.

sich an den eigenen Schulanfang erinnern; über Lernerfahrungen sprechen; Erinnerungsplakate erstellen

Ein Erlebnis schildern

(1) Lest den Text. Was gefällt euch an der Geschichte?

In der ersten Schulwoche kam eine Fotografin in unsere Klasse.
An diesem Tag sollten wir unsere Schultüten noch einmal mitbringen.
Überall lagen die großen, bunten Tüten herum. Endlich stellten sich
alle mit ihrer Schultüte vor der Tafel auf. Nur ich blieb traurig am Platz,
weil ich meine Tüte vergessen hatte.
„Kein Problem", meinte Frau Lang, „du kannst dich doch einfach
dazustellen." Aber ich wollte nicht als Einzige ohne Tüte dastehen.
Also setzte ich mich trotzig unter meinen Tisch und fing an
zu weinen. Plötzlich war es im Klassenzimmer ganz still.
Frau Lang kam zu mir, tröstete mich und sagte leise:
„Komm mit, ich habe eine Idee." Neugierig folgte ich ihr
in die Bärenklasse. Dort durfte ich mir die Tüte
von Hannes ausleihen, denn sie gefiel mir am besten.
Als ich meiner Mama später das Klassenfoto zeigte,
betrachtete sie es genau. „Du siehst ja richtig glücklich aus!",
freute sie sich. Die fremde Tüte war ihr gar nicht aufgefallen.

(2) Was macht Texte lebendig? Suche im Text Beispiele und schreibe sie auf.

abwechslungsreiche Satzanfänge	treffende Verben	passende Adjektive	wörtliche Rede

(3) Schreibe mithilfe der Stichworte das Schulerlebnis von Lena auf.

erster Schultag	Fotograf fotografiert Lena mit Schultüte vor dem Schultor	Lena hat fertiges Foto	es gefällt ihr gut
sie zeigt es ihren Eltern	Mutter fragt: „Wo ist denn deine Zahnlücke?"	Fotograf hatte Bild bearbeitet	

(4) Schreibe eine lebendige Geschichte aus deiner Grundschulzeit auf.
Denke an die passende Überschrift.

Wortarten

(1) Lies den Text.

„Was ist denn hier los?", denkt Frau Otte, als sie
die Tür ihres Klassenzimmers öffnet. Es ist ganz still.
Alle Kinder stehen an der Wand. Sie beobachten Florian,
der mit seinem Rollstuhl durch das Zimmer kurvt.
Er fährt vorwärts und rückwärts, langsam und schnell
um Tische und Stühle. Plötzlich sieht er seine Lehrerin
und ruft: „So ist das Zimmer perfekt, Frau Otte!
Das war meine Testfahrt. Ich komme jetzt
überall durch! Haben Sie gesehen?"
Alle lachen und klatschen Beifall.

(2) Finde im Text die **Nomen**. Schreibe sie mit ihrem **Artikel**
in der Einzahl und der Mehrzahl auf: die Frau, die Frauen, …

(3) Schau dich im Klassenzimmer um. Schreibe 10 **Nomen**
mit dem <u>un</u>**bestimmten Artikel** auf: eine Tafel, …

(4) Finde im Text **zusammengesetzte Nomen** und zerlege sie:
das Klassenzimmer: die Klasse, das Zimmer, …

Die Kinder räumen ihr neues Klassenzimmer ein. Sie hängen
den neuen Stundenplan, einen Terminkalender und das Plakat
mit den Klassenregeln auf. Die Arbeitsmaterialien kommen
in Bücherregale. Dann dürfen die Kinder ihre Ferienfotos und
Postkarten an der Magnettafel befestigen.

(5) Ersetze Nomen durch **Pronomen**:

sie   ihnen   er   es   sie   ihn

Kennst du noch
andere Pronomen?

Die Kinder sind im neuen Klassenzimmer.
Die Kinder richten das neue Klassenzimmer ein.
Frau Otte zeigt den Kindern, wohin die Kinder
die Bücher legen sollen. Leon holt den CD-Player.
Leon stellt den CD-Player auf die Fensterbank.

Wortarten

1 Mit **Adjektiven** kannst du Nomen beschreiben.
Schreibe den Text ab und setze passende Adjektive ein.

Gestern brachten einige Kinder   Bücher und
Kissen mit. Die Leseecke sieht jetzt richtig   aus.
„Schaut her, unsere   Pflänzchen hatten in
den   Ferien eine   Pflege!", sagte Frau Otte.
„Wer möchte diese   Aufgabe im   Schuljahr
übernehmen?"

bunt
wichtig
weich
schön
lang
interessant
gut
neu
gemütlich
klein
groß

2 Schreibe die **Adjektive** aus Aufgabe 1 in den **Vergleichsstufen** auf:
Grundform, 1. Vergleichsstufe, 2. Vergleichsstufe.
interessant, interessanter, am interessantesten, ...

3 Suche im Text die **Verben**. Schreibe sie in allen **Personalformen**
in der **Gegenwart** und in der **Vergangenheit** auf.

gut, besser,
am besten

Heute Morgen warten viele Kinder ungeduldig
vor der Pinnwand. Sie wollen ihre Namen in die Listen
für die Arbeitsgemeinschaften schreiben.
Clea überlegt noch, ob sie wieder in die Ball-AG
gehen soll. Cem liest alle Angebote ganz genau.

	Gegenwart	Vergangenheit
ich	ich warte	ich wartete
du		
er, sie, es		
wir		
ihr		
sie (alle)		

Verlängern: ck und tz am Wortende

(1) Lest den Text. Kennt ihr alle Werkzeuge?

Heute Nachmittag beginnt endlich die Werk-AG.
Man braucht viel Glück, um einen Platz zu bekommen.
Die Kinder sind gespannt. Sie holen Werkzeuge heraus,
mit denen sie schon einmal gearbeitet haben.
Leon zieht einen Hammer und einen Zollstock aus
seiner Tasche. Mia hat einen kleinen Schleifblock
und eine spitze Zange dabei. Gülten stellt eine Dose Lack
auf den Tisch. Dann dreht sie ihren Sitz höher. Lars packt
einen Satz Schraubenschlüssel und einen Bohrer aus.
Plötzlich ruft Mert: „Achtung, der Werklehrer kommt!"
Da steht Herr Fink in einer alten Latzhose, mit Schirmmütze
und Ohrenschutz und einem großen Verbandskasten
unter dem Arm. Alle prusten los.

(2) Suche zu jeder Verlängerung das passende Wort im Text:
glücken – Glück, …

glücken	Sätze	lackieren	Sitze	packen
Plätze	Zollstöcke	Schleifblöcke	schützen	

(3) Bilde Wörter. Schreibe vor jedes Wort eine Verlängerung:
sitzen – Sitz, Witze – Witz, …

S-	Str-	S-	Bl-
W- **itz**	Bl- **ick**	Sch- **atz**	St- **ock**
Bl-	Kn-	Pl-	R-

(4) Schreibe zu jedem roten Wort eine passende Verlängerung.
Bilde danach zusammengesetzte Nomen mit tz und ck:
blitzen: Kugelblitz – Blitzlicht, sitzen: …

Kugel Blitz Licht	Auto Sitz Kissen	Mund Schutz Brille
Fenster Platz Karte	Mal Block Haus	Gold Schatz Suche
Bau Satz Anfang	Haus Putz Tuch	Hände Druck Buchstaben

Wörter mit ck und tz mit der passenden Verlängerung aufschreiben; zusammengesetzte Nomen mit ck und tz bilden

Hier üben wir

(1) Übe den Text: oder  oder  oder .

Arbeitsgemeinschaften

Heute hängen die Teilnehmerlisten für die neuen
Arbeitsgemeinschaften an der Pinnwand!
Jetzt wissen die Kinder endlich, in welcher AG
sie einen Platz bekommen haben. Florian hat Glück.
Er kann im neuen Stück der Theatergruppe mit
dem Rollstuhl mitspielen. Seine besten Freunde sind
nicht dabei, sie wollen Stockkampf lernen. Lea geht
in die Witzeerzähler-AG, die es zum ersten Mal gibt.
Leider kommen Mara und Lena nicht in die Computer-AG.
Sie wurden aber auf die Warteliste gesetzt und haben die
Chance, im zweiten Block mitzumachen.

> In diesem Schuljahr gibt es auch eine AG, die eine
> große Schatzsuche organisieren soll. Justus und
> Karim sind gespannt und freuen sich darauf.

die Teilnehmer
die Pinnwand
der Platz
das Stück
das Theater
der Rollstuhl
der Computer
die Chance
der Block
hängen
haben
er hat
können
er kann
organisieren
endlich

(2) Suche im Text acht Wörter mit ck und tz und verlängere sie.
⤷ Schreibe die Wortpaare: Platz – Plätze, …
Achtung: Ein tz-Wort im Text ist ein Merkwort.
Du kannst es nicht verlängern.

(3) Zerlege die zusammengesetzten Nomen aus dem Übungstext:
die Arbeitsgemeinschaft: die Arbeit, die Gemeinschaft, …

(4) Suche dir drei Verben aus dem Text aus.
Schreibe sie in allen Personalformen
in der Gegenwart und der Vergangenheit auf:
ich …   du …   er/sie/es …

L Was hast du in diesem Kapitel gelernt? Du kannst zum Beispiel
eine Tabelle anlegen und möglichst viele Wörter mit ck und tz sammeln.

Übungswörter einzeln und im Textzusammenhang üben;
Wörter mit tz und ck; zusammengesetzte Nomen bilden;
Verben: Personal- und Zeitformen   **Arbeitstechniken** **S. 78–81**   **9**

Herbstwind

1. Im Herbst bereiten sich die Tiere auf den Winter vor. Erzählt zu den Bildern.

2. Ordne diese Aussagen den Tieren zu.

   fliegt in wärmere Länder   hat einen Bau mit unterschiedlichen Räumen

   verschläft den Winter auf einem Dachboden   sammelt Vorräte

   passt ihre Körpertemperatur an die Außentemperatur an

   verbringt den Winter geschützt in einer Höhle

   braucht im Winter keine Nahrung

   Der Storch …

3. Wähle ein Tier aus und informiere dich in Sachbüchern oder im Internet.
   Berichte in der Klasse darüber.
   Oder: Informiere dich über diese Begriffe und berichte als Experte darüber.

   Winterschlaf   Winterruhe   Winterstarre   Zugvögel

Sachverhalte beschreiben; sich in unterschiedlichen
Medien zu einem Thema informieren

Texte überarbeiten 1

1 Lies den Text genau.
Welche beiden Aussagen sind falsch?

Kraniche leben in Nord- und Mitteleuropa.
Kraniche machen sich im Herbst auf eine große Reise
zu ihren Überwinterungsgebieten in Frankreich und Spanien,
die mehrere Monate dauert.
Kraniche legen dabei Tausende von Kilometern zurück.
Kraniche lassen sich im Herbst ein warmes Winterfell wachsen.
Kraniche fliegen auf bestimmten Flugrouten über Deutschland.
Kraniche erkennt man an ihrer v-förmigen Flugformation
und den trompetenartigen Rufen.
Kraniche haben bevorzugte Rastplätze.
Kraniche hören vor dem Abflug den Wetterbericht im Radio.
Kraniche fliegen am Tag und in der Nacht.
Kraniche orientieren sich an den Himmelskörpern und an der Landschaft.

2 Überarbeite den Text. Lasse falsche Aussagen weg.
Beginne nicht immer mit Kraniche, sondern stelle
die Sätze um oder gebrauche ein Pronomen:
Kraniche leben in …   Im Herbst …   Sie …

> Denke an unterschiedliche Satzanfänge.

3 Bringe die Sätze in eine logische Reihenfolge.
Es gibt mehrere Möglichkeiten.

Kraniche leben gesellig in Feuchtgebieten an Seeufern, in Mooren und Sumpfgelände.

Obwohl ihre Art in Deutschland nicht mehr gefährdet ist, sind sie streng geschützt.

Kraniche sind Schreitvögel mit langen Beinen und einem langem Hals.

Kleine Tiere sowie Körner, Beeren und Samen bilden ihre Nahrung.

Sie können bis zu 1,6 m hoch und 5–7 kg schwer werden.

Kraniche sind Bodenbrüter und ziehen in der Regel 2 Küken auf.

Text erfassen, falsche Aussagen erkennen; Text überarbeiten: Pronomen einsetzen, Satzglieder umstellen;
Sätze in logische Reihenfolge bringen

Texte verfassen   S. 146   11

Spannende Geschichten schreiben

(1) Lest die Geschichte zweimal: Lest zuerst nur den schwarzen Text, dann auch mit den roten Wörtern. Was klingt spannender?

Wie gelähmt standen wir beide an der Wegbiegung.
Julian umklammerte den Lenker seines Fahrrades.
„Lucia", flüsterte er. „Das gibt's doch gar nicht, oder?"
Ich war so erschrocken, dass ich nicht antworten konnte.
Gebannt starrte ich in die undurchdringliche Nebelwand.
Dahinter erhob sich regungslos eine massige Gestalt.
Da! Was war das für ein unheimliches Geräusch? Es klang
wie ein Stampfen, dann ein Scharren, ein Schnauben.

(2) Welche schwarzen Wörter machen den Text spannend?

(3) Schreibe den Text ab. Setze für die roten Wörter andere treffende Wörter ein.

> „Das glaub ich jetzt nicht!" – „Siehst du, was ich sehe?"
> dicht – grau • bedrohlich – angsteinflößend • riesig – unförmig
> O nein! – Hilfe! • schrecklich – fremdartig

> **So kannst du spannend erzählen: Gebrauche treffende Verben und Adjektive. Benutze wörtliche Rede, Ausrufe und Fragen.**

(4) Ordne jedem Nomen zwei Adjektive zu: Zeit: augenblicklich, ...

| Zeit • Gestalt | augenblicklich • grell • klapprig • regnerisch |
| Wetter • Licht | gleichzeitig • muskulös • trüb • frostig |

(5) Finde zu jedem Adjektiv ein passendes Nomen: der unerträgliche Lärm, ...
unerträglich   verdächtig   gefährlich   entsetzlich   gruselig   merkwürdig

(6) Schreibe die Geschichte spannend zu Ende:
Erschrocken starrten wir in den dichten ...

> erschrocken • Herzklopfen • riesig
> Pferde • Reiter • erleichtert nach Hause

verbale Spannungselemente erkennen; Adjektive nach semantischen Kriterien ordnen; Nomen zu Adjektiven finden; eine Geschichte spannend zu Ende schreiben

Vorangestellte Wortbausteine

1 Lest den Text. Wie heißt das Nest,
in dem das Eichhörnchen überwintert?

Im Herbst müssen viele Tiere Wintervorräte anlegen.
Der Maulwurf verspeist am liebsten Regenwürmer.
Für seinen Wintervorrat beißt er die Regenwürmer
und lähmt sie. Danach kann er sie überall hinschleppen.
In einem Maulwurfbau wurde einmal ein Wintervorrat
von über 1200 Regenwürmern entdeckt!
Das Eichhörnchen vergräbt Eicheln, Nüsse und Zapfen.
Es versteckt sie in bis zu 1000 verschiedenen Vorratslagern.
Bei gutem Wetter verlässt es im Winter seinen Kobel.
Dann kann es die Vorräte ausgraben und sich stärken.

2 Schreibe den Text ab.
Unterstreiche die acht Verben mit Wortbausteinen:
Im Herbst müssen viele Tiere Wintervorräte <u>anlegen</u>.

Wortbausteine
verändern die
Bedeutung von Verben:
z.B. decken –
entdecken.

3 Finde in der Wörterliste oder im Wörterbuch
zu jedem Wortbaustein mindestens drei Verben:
ab: abfahren, …

 ab    auf    ent    zer

4 Finde zu jedem Wortbaustein ein passendes Verb.
Schreibe mit jedem neu gebildeten Verb einen Satz:
einsammeln: Frau Scharnberg sammelt die Hefte ein.

…

ein-	ent-	auf-	sammeln	steigen	nehmen
über-	be-	ver-	leben	schütten	kommen
aus-	ab-	an-	fahren	stehen	trinken

Verben mit Wortbausteinen im Text und im
Wörterbuch finden, Verben mit Wortbausteinen bilden
und flektiert in Sätzen verwenden

Sprache untersuchen   S. 106   13

Ableiten: Wörter mit ä und äu

1 Lies den Text. Ergänze dabei die Lückenwörter.
Weißt du, wie andere Tiere den Winter verbringen?

Der Igel verschl___ft den ganzen Winter. Er f___ngt schon
im Spätsommer an, sich dick und rund zu fressen.
Bevor der Feldhamster Winterschlaf h___lt,
tr___gt er Getreidekörner und Nüsse in seinen Bau.
Wenn er während des Winterschlafs aufwacht,
ern___hrt er sich von seinen Vorräten.
Der Frosch gr___bt sich im Schlamm ein.
Dort verh___lt er sich ganz ruhig. Er f___llt in Winterstarre.

2 Finde zu jedem Lückenwort das verwandte Wort mit a oder au.
Schreibe die Wortpaare: verschlafen – verschläft, …

3 Finde zu jedem Wort ein verwandtes Wort mit a oder au.
Fäuste – die Faust, …

Fäuste   er bläst
schälen   Vorräte
Gebäude   Kälte
Häuser

Räuber   Gärten
anhäufen   wärmen
stärken
aufräumen

4 Finde die Wörter, die du ableiten kannst. Schreibe die Wortpaare.
Schreibe die Wörter, die du nicht ableiten kannst, mit e oder eu:
🔋 Ableiten: Blätter – Blatt, …
e oder eu: Felder, …

e oder ä

F___lder   Bl___tter   W___lder
N___ster   H___ndchen
___ntchen   er gr___bt   sie f___gt

eu oder äu

D___tschland   T___bchen
Flugz___g   Flederm___se
Fr___nd   h___te   tr___men

zu Wörtern mit ä und äu regelmäßige und unregelmäßige Ableitungen finden; Lückenwörter mit e/ä
und eu/äu durch Ableiten richtig schreiben

Hier üben wir

1 Übe den Text:  oder oder oder 🏃 .

Tiere sorgen vor

Im Winter finden viele Tiere nicht mehr genug Nahrung.
Vögel, die kein Futter mehr finden können, fliegen von
Deutschland in südliche Länder. Waldtiere leiden in der
Kälte oft unter Hunger. Sie sind auf die Hilfe der Menschen
angewiesen. Der freundliche Förster stellt für sie Futter-
stellen mit Heu und Getreide bereit. Manche Tiere
verlassen auch die Wälder und versuchen ihr Glück in
den Gärten. Viele kleinere Tiere können vorsorgen und
Vorräte sammeln. Sie vergraben Nüsse, Samen oder
Getreidekörner oder tragen sie in ihre Vorratskammern.
Davon ernähren sie sich in der kalten Zeit.

die	Nahrung
die	Vögel
	Deutschland
die	Kälte
das	Heu
die	Wälder
das	Glück
die	Vorräte
die	Fledermäuse
der	Speck
	vorsorgen
	stellen
	ernähren
	verschlafen
	genug
	freundlich
	davon

🪀 Fledermäuse und Igel müssen sich im Sommer eine dicke
Speckschicht anfressen. Sie verschlafen den ganzen Winter.

2 Suche im Text alle Wörter mit ä und äu. Finde dazu das verwandte Wort
mit a oder au, von dem du diese Wörter ableiten kannst.
Schreibe die Wortpaare auf: Land – Länder, …

3 Suche im Text die passenden Wörter mit vorangestellten Wortbausteinen:
lassen – verlassen, …

lassen	suchen	sorgen	graben	nähren	schlafen	fressen

4 Immer drei Wörter gehören zu einer Wortfamilie.
Schreibe sie auf: Nahrung, ernähren, …

Nahrung	Kälte	Tausch	Traum	Raum	ernähren	erkälten
Freundschaft	räumen	täuschen	Freund			enttäuschen
nahrhaft	träumen	freundlich	kalt	traumhaft	geräumig	

L Was hast du in diesem Kapitel gelernt? Du kannst zum Beispiel aufschreiben,
welche Zugvögel du kennst und was du über sie weißt.

Übungswörter einzeln und im Textzusammenhang üben;
Ableitungen mit ä und äu; Verben mit vorangestellten
Wortbausteinen; Wortfamilien

Arbeitstechniken S. 78–81

15

Es wächst und grünt

1. Betrachte das Bild. Was erkennst du in den Fotoausschnitten?

2. Berichte, was du schon im Wald erlebt hast.
   Mit wem warst du da? Wie sah es dort aus?

   Ich interessiere mich ...

3. Womit würdet ihr euch gerne im Wald beschäftigen?
   Oder: Sammelt Ideen für ein Waldprojekt.

   Führung mit einem Förster   Spuren suchen   Waldspiele spielen

   Verstecken spielen   Tiere beobachten   Pflanzen bestimmen

16

funktionsangemessen sprechen: angeregt durch Bilder, Erlebnisse und Eindrücke zum Thema Wald erzählen; ein Waldprojekt planen

Höhepunkte ausgestalten

1 Lest die Einleitung und die Hauptteile der Geschichte.

> Wir waren auf Klassenfahrt und warteten gespannt, dass es dunkel wurde. Heute stand die Nachtwanderung auf dem Programm. Gegen 20.30 Uhr ging es endlich los. Mit unserem Lehrer und einem Wanderführer machten wir uns auf den Weg zu einer 500 Jahre alten Eiche.

Im Wald war es ganz finster, doch langsam gewöhnten sich unsere Augen an die Dunkelheit. Plötzlich hörten wir ein unheimliches Klappern. In der Ferne blitzten Lichter auf. Als wir auf eine Lichtung traten, erblickten wir den mächtigen Baum und zwei Gestalten. Es waren unsere Lehrerin und der Heimleiter, die heißen Tee und Brote für uns vorbereitet hatten.

Im Wald war es ganz finster und der Weg ging steil bergauf. Ich lief neben Tobi und wir kamen ganz schön außer Atem. Auf einmal spürte ich einen Luftzug an meinem Kopf. „Das sind nur Fledermäuse", beruhigte uns unser Lehrer. Dann begann es im Gebüsch hinter Tobi und mir zu rascheln. Ich drehte mich um und sah einen Dachs auf dem Waldweg.

2 Schreibe die Einleitung ab: Wir waren auf Klassenfahrt ...

3 Entscheide dich für einen Hauptteil. Baue den Höhepunkt aus.
Schreibe den Text ab und füge an passenden Stellen spannende Sätze ein.
Im Wald war es ...

Mein Herz pochte immer schneller.	Was konnte das nur sein?	Ich griff nach der Hand von Tobi. Sie war ganz feucht.
Ich hatte plötzlich ein ganz komisches Gefühl im Magen.	Wir erstarrten vor Schreck.	Gebannt starrten wir auf die Stelle.

4 Erfinde einen passenden Schluss für deine Geschichte.

5 Lest euch in einer Schreibkonferenz eure Geschichten vor.
Wählt die spannendste aus. Begründet eure Entscheidung.

> Ich liebe spannende Geschichten.

den Hauptteil einer Geschichte auswählen und den Höhepunkt spannend ausgestalten; den Schluss einer Geschichte erfinden; Geschichten in einer Schreibkonferenz besprechen

Texte verfassen S. 136

17

Subjekt und Prädikat

(1) Schreibe den Text ab. Unterstreiche in jedem Satz das Subjekt blau und das Prädikat rot: Im Wald entdeckt Bogdan einen hohen Baum.

Im Wald entdeckt Bogdan einen hohen Baum.
Er schaut nach oben.
Die dichten Zweige rauschen im Wind.
Mit beiden Armen umfasst er den Stamm.
Unter dem Baum liegt ein leeres Vogelnest.
Bogdans Freunde packen es in eine Tüte.
In der Schule wollen sie es genauer betrachten.
Katia sammelt Laub, Blätter, Äste und Samen.
Damit legt sie ein kleines Naturbild.

> Subjekt und Prädikat sind Satzglieder. Nach dem Prädikat fragt man
> „Was tut …?" Nach dem Subjekt fragt man „Wer oder was …?"
> Subjekt und Prädikat passen in einem Satz zusammen. Sie sind der Satzkern.

(2) Das Prädikat sagt auch, was geschieht. Das Wort **es** ist dann das Subjekt.
Bilde passende Sätze und unterstreiche das Subjekt und das Prädikat.
Es regnet in …

Es regnet	raschelt es.
Im Unterholz	im Vogelwald.
Es pfeift	in Strömen.
Im Winterwald	schneit es.

(3) Bilde sinnvolle Sätze. Unterstreiche das Subjekt und das Prädikat.
Finn findet …

findet	Dachs und Fuchs	der Specht	ein leeres Vogelnest
den Waldlehrpfad	erkunden	in seine Baumhöhle	Finn
fliegt	oft gemeinsam einen Bau	bewohnen	die Kinder

Fachbegriffe „Subjekt" und „Prädikat" wiederholen; mithilfe von Fragen Subjekte und Prädikat identifizieren; mit Satzgliedern sinnvolle Sätze bilden

Zweiteilige Prädikate

1 Was machen die Kinder alles im Waldklassenzimmer?
Ordne die Stichworte dem passenden Bild zu.

einen Nistkasten aufhängen
das Waldbestimmungsbuch aufschlagen
das Waldklassenzimmer vorstellen
die Fundstücke aus dem Wald einpacken
sich die Oberfläche der Baumrinde einprägen

sich ausruhen …

2 Schreibe mit den Stichworten Sätze. Unterstreiche in jedem Satz
beide Teile des Prädikats: Die Kinder hängen einen Nistkasten auf.

> Das Prädikat kann aus zwei Teilen bestehen:
> *Die Kinder lassen keinen Müll im Wald zurück.*

3 Bilde aus den Wortbausteinen und den Verben neue Verben.
Schreibe mindestens 4 Sätze damit und unterstreiche das
zweigeteilte Prädikat. ankommen: Ich komme im Wald an.

| an | weg | mit | | kommen | nehmen | fahren | geben |

über die Erfahrungen in einem Waldklassenzimmer sprechen;
mithilfe von Stichworten Sätze dazu formulieren; zweiteilige
Prädikate kennenlernen   **Sprache untersuchen** S. 116   **19**

Verlängern: Doppelkonsonant am Wortende

1 Lest den Text. Ergänzt dabei die Lückenwörter.
Erzählt, ob ihr schon einmal etwas im Wald gefunden habt.

He___ Korkmaz, ein netter Ma___, war unser Förster
beim Waldspaziergang. Wir überquerten dabei
einen Flu___ und bekamen nasse Füße, weil
ein Holzbre___ der Brücke entzwei war.
Wir durften sogar die Vogelbrutkästen
kontrollieren. Sie waren durch ein Schlo___
gesichert, doch der Förster hatte den
Schlüssel dabei. Leider fanden wir
auch viel Abfa___ im Wald: ein altes Fa___,
einen vergessenen Ba___ und sogar einen
verrosteten Ka___. Aber auch seltsame
Dinge waren darunter wie ein Gebi___
eines Marders und ein seltenes Bla___.
Die Führung war sehr interessant, aber
auch ganz schön anstrengend, und so
fielen wir am Abend müde ins Be___.

2 Finde zu jedem Lückenwort die Verlängerung.
Schreibe die Wortpaare: viele Herren – ein Herr, …

3 Schreibe jedes Adjektiv mit einem passenden Nomen.
Setze bei den Verlängerungen die Silbenbögen:
der nette Förster, …

nett   fett   dumm   nass   hell   kaputt   schnell   krumm

4 Finde die Verlängerungen und schreibe die Wortpaare.
Schwinge die Verlängerungen und entscheide: m oder mm?
Stämme – Stamm, ärmer – …

Sta___   ar___   Schwa___   Wur___   du___   Progra___

Proble___   schli___   stu___   Schir___   Tur___   kru___

Wörter mit Doppelkonsonant am Wortende üben;
Rechtschreibhilfe „Wortverlängerung" bei Nomen,
Verben und Adjektiven anwenden

Hier üben wir

1 Übe den Text: ![] oder ![] oder ![] oder ![] .

Unser Wald

Im Wald können Marie und Luca viel entdecken.
Auf dem Waldboden wachsen Pflanzen und Kräuter.
Sie sammeln unterschiedliche Blätter ein. Durch Zufall
finden sie dabei ein seltenes Kleeblatt. Aber leider liegt
auch viel Abfall herum. Luca zählt die Jahresringe an
einem Baumstamm.
„Komm, wir spielen Baumtelefon!", schlägt Marie vor.
Sie klopft an den Baumstamm, Luca hört am anderen
Ende die Klopfzeichen ab. Plötzlich ruft sie: „Pass auf,
Luca, da ist eine Pfütze!" Zu spät! Seine Füße sind
schon nass geworden. Schnell laufen sie nach Hause.

Dort schauen sie in einem Lexikon nach,
zu welcher Pflanze welches Blatt gehört.

die Pflanzen
das Blatt
die Blätter
der Zufall
das Kleeblatt
der Abfall
der Baumstamm
die Pfütze
die Füße
das Lexikon
entdecken
wachsen
zählen
plötzlich
nass
schnell

2 Finde im Text alle Wörter mit doppeltem Mitlaut am Ende.
↪ Schreibe sie mit einer passenden Verlängerung auf: Zufall – Zufälle, …

3 Finde im Übungstext Sätze mit zweiteiligem Prädikat.
Schreibe sie auf und unterstreiche das Prädikat.
Sie <u>sammeln</u> unterschiedliche Blätter <u>ein</u>.

einsammeln   herumliegen   vorschlagen

abhören   aufpassen   nachschauen

> Ich liege
> gern herum.

L Was hast du in diesem Kapitel gelernt? Du kannst zum Beispiel
eine Wörtersammlung mit spannenden Wörtern anlegen.

Übungswörter einzeln und im Textzusammenhang üben;
Doppelkonsonant am Wortende verlängern; zweiteilige
Prädikate erkennen

Arbeitstechniken S. 78–81

21

Winterkälte

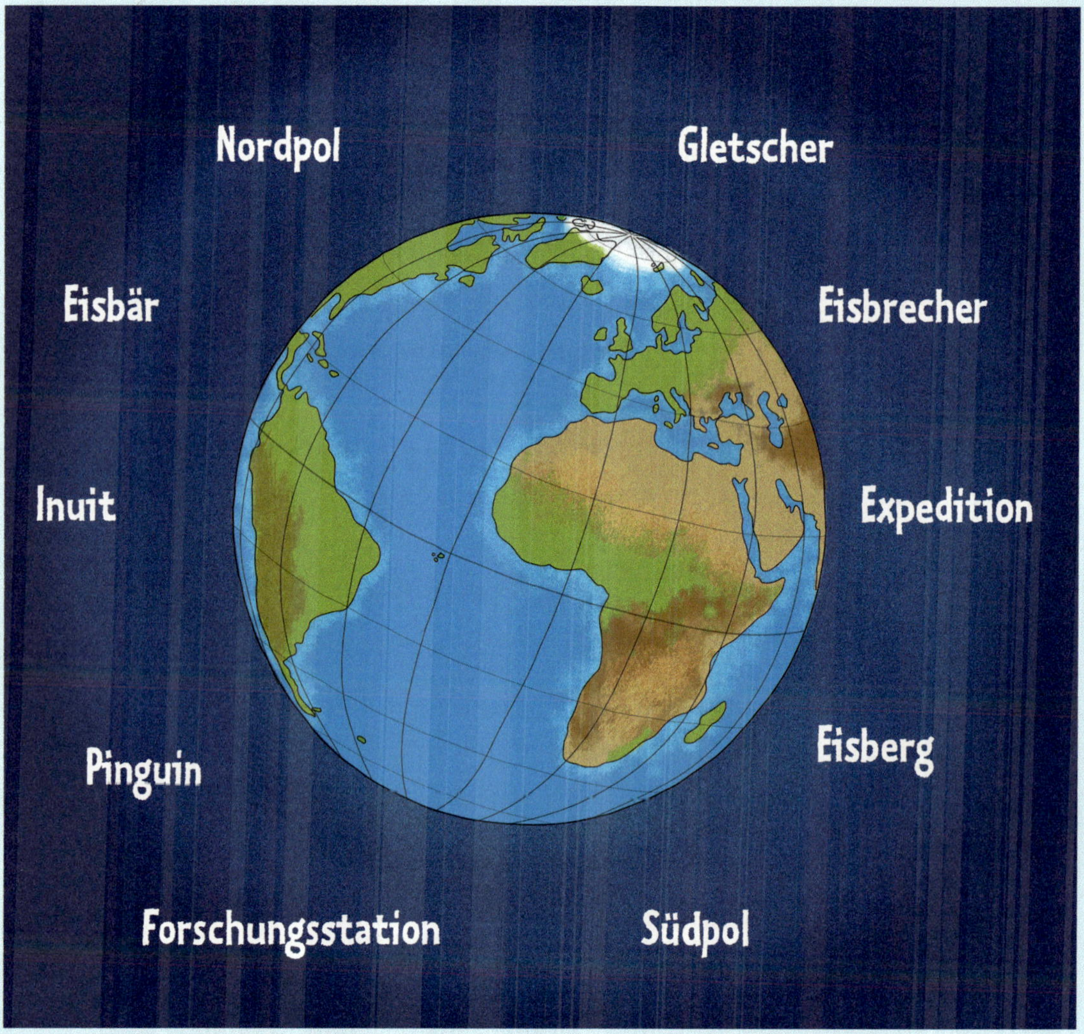

Nordpol   Gletscher

Eisbär   Eisbrecher

Inuit   Expedition

Pinguin   Eisberg

Forschungsstation   Südpol

① Betrachtet die Abbildung.
Was wisst ihr schon über die Polargebiete?
Erzählt dazu.

② Wähle einen Begriff aus. Finde Informationen dazu
in Büchern oder im Internet. Notiere dir zu diesem Begriff
mindestens vier Stichworte auf einem Zettel.

③ Informiere deine Klasse mithilfe des Stichwortzettels.
Oder: Gestalte mit deinen Stichworten
ein kleines Plakat und stelle es vor.

> Ich möchte euch
> über … informieren.

sich über einen Begriff informieren, vermuten und
begründen; Stichworte notieren; funktionsangemessen sprechen: andere informieren

Steckbriefe, Sachtexte

1 Lest den Text. Was erfahrt ihr über den Südpol?

Der Südpol ist der südlichste Punkt der Erdkugel.
Er liegt unter dem ewigen Eis der Antarktis.
So heißt das Gebiet um den Südpol, das sich
aus Landes- und Meeresflächen zusammensetzt.
Der Südpol selbst ist mit Gletschern vereist.
Er ist der kälteste Ort der Erde. Man hat dort
schon 95 °C unter dem Gefrierpunkt gemessen.
Ein Mensch ohne besondere Schutzkleidung würde dort
in wenigen Minuten erfrieren. Es gibt daher in der Antarktis
nur einige Forschungsstationen und keine Wohnsiedlungen.

Name: Südpol
Lage: ...
Temperatur: ...
Tiere: ...
Besonderheiten: ...

Den Kaiserpinguinen macht das eisige Klima in der Antarktis nichts aus.
Auch Wale können im Meer um den Südpol gut leben. Die Pottwale fressen
sich an Tintenfischen satt, die Schwertwale auch an Robben und Pinguinen.

2 Ergänze den Steckbrief zum Südpol mit passenden Stichworten:
Name: Südpol, Lage: ...

3 Schreibe einen Text zum Nordpol: Der Nordpol ...

Name:	Nordpol
Lage:	nördlichster Punkt der Erdkugel im Nordpolarmeer
Temperatur:	bis −70°C, eisbedecktes Meer
Tiere:	Eisbären, Polarwölfe
Besonderheiten:	Bodenschätze unter dem Nordpolarmeer: Gas, Erdöl

4 Wähle ein Thema aus und informiere dich. Stelle deine Ergebnisse vor.
Wenn du im Internet recherchieren willst, benutzt du am besten
eine Suchmaschine für Kinder: blinde-kuh, fragFINN, Helles Köpfchen ...
Wenn du zu deinem Suchbegriff nichts oder nicht genug Informationen findest,
versuche es mit einem Oberbegriff oder einem verwandten Begriff.
Beispiel: Eisbär – Raubtier – Säugetier.

Polarfuchs   Schlittenhunde   Schelfeis   Polarlicht

Informationen aus einem Text in Form eines Steckbriefs festhalten; mithilfe
von Stichworten einen Sachtext schreiben; selbstverantwortlich ein Thema
auswählen und sich informieren; Tipps zur Internetrecherche nutzen

Texte verfassen S. 126   23

Die vier Fälle des Nomens

(1) Lest den Text. Welche Eisscholle passt in welche Lücke?

> der Wal des Wals dem Wal den Wal

_____ ist das größte Säugetier der Erde.
Die Nahrung _____ besteht aus Fischen, Tintenfischen,
Muscheln und Kleinlebewesen. In früheren Zeiten
stellten Waljäger _____ gnadenlos nach.
Viele Länder schützen _____ und verbieten die Waljagd.

(2) Schreibe den Text ab. Ergänze dabei die passenden Nomen
und unterstreiche sie: <u>Der Wal …</u>

> Nomen können in vier Fällen stehen. Man findet sie durch Fragen:
> 1. Fall, Nominativ: _der Vogel_   _Wer oder was …?_
> 2. Fall, Genitiv: _des Vogels_   _Wessen …?_
> 3. Fall, Dativ: _dem Vogel_   _Wem …?_
> 4. Fall, Akkusativ: _den Vogel_   _Wen oder was …?_

(3) Schreibe Fragesätze zum Wal auf. Benutze die Fragewörter
und antworte mit den Nomen aus den Eisschollen von Aufgabe 1.
Wer oder was ist das größte Säugetier? der Wal

> Wem …?
> Wer oder was …?
> Wessen …?
> Wen oder was …?

(4) Schreibe die Sätze ab. Unterstreiche das Nomen Narwal und
den Artikel in den verschiedenen Fällen: <u>Der Narwal ist …</u>

Der Narwal ist ein faszinierendes Lebewesen. Besonders
beeindruckend ist der lange Stoßzahn des Narwals.
Der bis zu 2,60 Meter lange, aus dem linken Oberkiefer
wachsende Eckzahn dient dem Narwal als Sinnesorgan.
Man kann den Narwal im Nordpolarmeer beobachten.

vier Fälle des Nomens kennenlernen; mithilfe der
Wer-oder-was-Frage erkennen, dass das Subjekt
immer im 1. Fall steht

Nominativ, Genitiv, Dativ, Akkusativ

1 Schreibe die Texte ab. Setze die Nomen passend ein und unterstreiche sie: Die Robbe ...

lebt vorwiegend im Wasser.
Der Eisbär ist der natürliche Feind   .
Er lauert   an den Atemlöchern auf,
die diese ins Eis gebohrt hat. Er braucht
als Nahrung für sich und seine Jungen.

die Robbe
der Robbe
der Robbe
die Robbe

Die Heimat   ist die Arktis. Die Sámi,
ein Volk im Norden Lapplands, halten
in großen Herden.   liefert ihnen Fleisch
und Fell, aus dem sie Kleidung herstellen.
Sie veranstalten sogar Wettrennen mit   .

das Rentier
des Rentiers
dem Rentier
das Rentier

1. Fall, Nominativ	der Wal	die Robbe	das Rentier
2. Fall, Genitiv	des Wals	der Robbe	des Rentiers
3. Fall, Dativ	dem Wal	der Robbe	dem Rentier
4. Fall, Akkusativ	den Wal	die Robbe	das Rentier

2 In welchem Fall stehen die farbigen Nomen?
Stelle Fragen und antworte mit den Nomen.
Schreibe die Antworten und Fälle dahinter.
Wem gelingt es nicht zu fliegen? dem Pinguin, 3. Fall Dativ

der Jojo,
des Jojos ...

Es gibt viele verschiedene Pinguinarten. Obwohl er ein Vogel ist,
gelingt es dem Pinguin nicht zu fliegen. Dafür sind seine Flügel zu klein.
Aber im Wasser kann man den Pinguin blitzschnell schwimmen sehen,
denn der Pinguin kann bis zu 25 km in der Stunde schnell schwimmen,
unter Wasser minutenlang die Luft anhalten und richtig tief tauchen.
Fische und kleine Meerestierchen sind die Nahrung des Pinguins.
Und warum fürchtet sich der Pinguin nicht vor Eisbären?
Weil der Pinguin in der Antarktis lebt und es dort keine Eisbären gibt.

Verlängern: Doppelkonsonant am Wortstammende

(1) Lest den Text. Wer war der erste Mensch am Südpol?

Im Jahr 1911 brachen der Engländer Scott und der Norweger Amundsen
zu einem Wettlauf auf: Jeder hoffte, mit seiner Mannschaft zuerst
am Südpol zu sein. Scott wollte mit Hunden, Ponys und Motorschlitten
bis zum Pol vordringen. Er startete am 24. Oktober 1911. Amundsen
hatte sich vier Tage zuvor auf den Weg durch das ewige Eis gemacht.
Er vertraute auf seine Schlittenhunde und hatte vier Begleiter bei sich.

Amundsen schaffte den Weg als Erster
und stand am 15. Dezember 1911
lange vor Scott am Pol. Der erreichte
sein Ziel erst am 16. Januar 1912.
„Das Allerschlimmste ist eingetreten",
notierte Scott in seinem Tagebuch.
„Die Norweger sind uns zuvorge-
kommen. Amundsen ist der erste
Mensch am Pol."

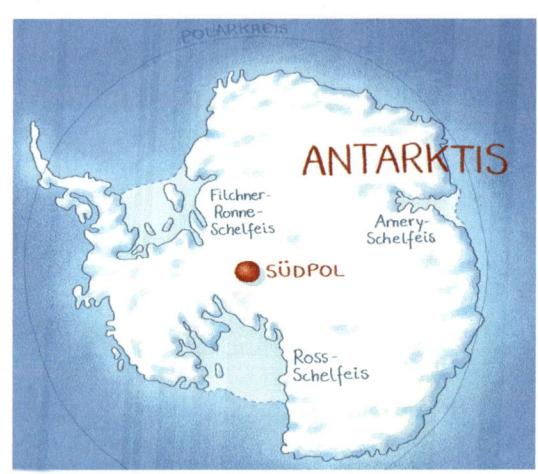

(2) Suche zu jeder Verlängerung das
passende Wort im Text: wetten – ...

wetten	Männer	schaffen	wollen	hoffen	schlimmer

(3) Bilde Nomen und finde passende Verben: die Hoffnung – hoffen, ...

Ess	Hoff	Kenn	Samm	Renn	Roll

zeichen	lung	nung	tisch	schuhe	bahn

(4) Schreibe den Text mit den Verben in der Vergangenheit: Auch ...

stimmen	hoffen	können	fassen	müssen

Auch andere Forscher   den Entschluss, zum Südpol vorzudringen.
Sie   mutige Männer um sich sammeln. Außerdem war wichtig,
dass alles   , z. B. die Ausrüstung und das Wetter. Sie   nicht erwarten,
dass sie jemand retten würde. Trotzdem   jeder, der Erste am Pol zu sein.

26

 **S. 84** **Richtig schreiben**

Verlängerungen zu Wörtern mit Doppelkonsonant
am Wortstammende finden und zum richtigen
Schreiben nutzen

Hier üben wir

① Übe den Text: oder oder oder .

Ein gefährlicher Wettlauf

Im Oktober 1911 starteten Amundsen und Scott zu
einem gefährlichen Wettlauf. Jeder wollte als erster
Mensch den Südpol erreichen. Scott wählte Motorschlitten.
Amundsen dagegen vertraute seinen Schlittenhunden.
Als Scott entdeckte, dass Amundsen schon viel näher
am Pol war, verlor er die Hoffnung nicht und kämpfte
trotzdem weiter. Doch während Amundsen als Sieger
zurückkehren konnte, schaffte Scott den Rückweg nicht.
Aber bis heute werden er und der Mut der Mannschaft
von den Menschen bewundert.

 Auch heute ist die Reise zum Südpol noch sehr
gefährlich und verlangt eine gute Vorbereitung.

der Wettlauf
der Mensch
der Südpol
der Rückweg
die Mannschaft
wählen
erreichen
verlieren
er verlor
kämpfen
zurückkehren
können
er konnte
schaffen
gefährlich
nah
trotzdem
während

② Immer zwei Wörter haben den gleichen Wortstamm.
Im Text findest du zu jedem Wortstamm noch ein passendes Wort.
Schreibe so: wollen – gewollt – wollte, …

wollen	wetten	Männer	hoffentlich	erschaffen	können
männlich	gewollt	hoffen	gekonnt	Wettkampf	schaffen

③ Schreibe die Fragen ab. Antworte mit den Nomen und schreibe den Fall dazu.
Wen oder was wollten Amundsen und Scott erreichen?
den Südpol, 4. Fall, Akkusativ

Wen oder was wollten Amundsen und Scott erreichen?	den Südpol
Wer oder was wollte den Weg mit Motorschlitten	Scott
zurücklegen? Wem vertraute Amundsen?	den Hunden
Wer oder was erreichte den Südpol als Erster?	Amundsen
Wessen Mut wird heute noch bewundert?	der Mannschaft

L Was hast du in diesem Kapitel gelernt? Du kannst zum Beispiel
einen Steckbrief zu einem Tier schreiben.

Übungswörter einzeln und im Textzusammenhang üben;
Wörter mit gleichem Wortstamm erkennen; Nomen in den
4 Fällen bestimmen

Arbeitstechniken S. 78–81 **27**

Zeit vergeht

| um 1500 | um 1890 | um 1970 | um 2015 |

① Die Häuser wurden zu verschiedenen Zeiten gebaut.
Ordnet sie den Jahresangaben auf der Zeitleiste zu.

Ich denke, dass …

② Überlegt bei jedem Haus, warum es wohl
auf diese Weise gebaut wurde.

Wahrscheinlich …

Ich vermute, …

③ Wie würdest du gerne wohnen?
Beschreibe dein Traumhaus.
Oder: Welche alten Gebäude gibt es in deiner Umgebung?

Beobachtungen und Vermutungen anstellen

Etwas beschreiben

(1) Wähle mindestens zwei Häuser von Seite 28. Stelle jeweils fünf passende Sätze zu einer Beschreibung zusammen. Schreibe sie auf.

1 …   2 …   3 …   4 …   5 …

1   Ich lebe in einer Wohnung in einem Hochhaus.
1   Unser Haus hat ein Erdgeschoss und ein Dachgeschoss.
1   Ich wohne in einem Haus, das man Fachwerkhaus nennt.
1   Ich wohne in einem Haus mit einer prächtigen Fassade.

2   Das Haus wurde gebaut, als ich schon geboren war.
2   Das Haus wurde um 1890 herum erbaut.
2   Das Haus wurde im Mittelalter gebaut.
2   Die Hochhaussiedlung wurde um 1970 herum gebaut.

3   Unser Haus steht in einer Altstadt.
3   Vor dem Haus ist eine Straße, auf der Autos parken.
3   Vor dem Wohnzimmer ist eine Terrasse mit Gartenmöbeln.
3   Das Haus liegt am Stadtrand und hat 15 Stockwerke.

4   Die Verzierungen an der Fassade nennt man Stuck.
4   Um das Haus herum ist unser Garten.
4   Unsere Wohnung ist im 12. Stockwerk.
4   Das Mauerwerk des Hauses wird von Holzbalken getragen.

5   Von unserem Balkon können wir ganz weit sehen.
5   Auf dem Dach ist eine Solaranlage.
5   Zu meinem Zimmer oben führt eine kleine, steile Treppe hoch.
5   Zu unserem Hauseingang führt eine Treppe hoch.

(2) Wo wohnst du? Erstelle eine Beschreibung: Ich wohne …

Beschreibungen von Gebäuden aus passenden Sätzen zusammenstellen; selbstständig die Beschreibung eines Wohngebäudes erstellen

Texte verfassen   S. 128   29

Präteritum, Perfekt

(1) Lest, was auf der Buchseite steht und was Lena erzählt.
Was fällt euch an den Verben auf? Sprecht darüber.

> Früher gab es in jedem Dorf einen Schmied.
> Er beschlug Pferde und bereifte Holzräder
> von Fuhrwerken mit eisernen Reifen.
> Außerdem schmiedete und schärfte er
> Werkzeuge, zum Beispiel Äxte oder Zangen.

> Mein Vater ist Schmied, wie Uropa, aber Kunstschmied.
> Papa hat schon viele schöne Sachen angefertigt,
> zum Beispiel große und kleine Leuchter aus Eisen.
> Auch Treppengeländer aus Metall hat er geschmiedet.
> Am schönsten finde ich das Zaungitter an der Kirche.
> Das hat er mit Blättern und Blumen aus Eisen verziert.
> Er hat auch Türgriffe und Kerzenhalter hergestellt.
> Gestern hat er ein schönes Türschild gehämmert.

> Verben können in verschiedenen **Zeitstufen** stehen:
> **Präteritum** (1. Vergangenheit) *für aufgeschriebene Vergangenheit:*
> *Lenas Uropa* **arbeitete** *als Schmied.*
> **Perfekt** (2. Vergangenheit) *für erzählte Vergangenheit:*
> *Gestern* **hat** *Papa ein Gitter* **verziert**.

(2) Ordne die Verbformen aus Aufgabe 1:
Präteritum: es gab, …
Perfekt: es hat gegeben, …

> Ich fresse, ich fraß,
> ich habe gefressen.

(3) Setze diese Verben ins Präteritum und ins Perfekt:
er wäscht – er wusch – er hat gewaschen, …

er wäscht   sie schreibt   er kehrt   sie fährt   er kocht

sie singt   er malt   sie spricht   er baut   sie bäckt

Texte im Hinblick auf Zeitstufen untersuchen;
Präteritum und Perfekt in eine Tabelle ordnen und
selber bilden

Präsens, Futur

1 Schreibe den Text ab. Unterstreiche die Verben
in der Gegenwart: <u>Heute wohnt</u> …

Heute wohnt Lena in einem Dorf.
Sie lebt bei ihren Eltern und geht zur Schule.
Einmal in der Woche bekommt sie Taschengeld.
In ihrer Freizeit fährt sie Inliner.
Außerdem malt sie gerne Blumen.
Am liebsten isst sie Spaghetti.

2 Setze die Verben im Futur in den Text ein:
Später werde ich in ….

werde wohnen	werde arbeiten	werde bauen
werde entwerfen	werde ziehen	werden halten

Später ___ ich in einer großen Stadt ___ .
Ich ___ als Architektin in einem Architekturbüro ___ .
Dann ___ ich riesige Brücken und Hochhäuser ___
Außerdem ___ ich Häuser für berühmte Leute ___ .
Mit meiner Familie ___ ich aufs Land ___ .
Dort ___ wir Pferde, Katzen und andere Tiere ___ .

3 Wähle drei Verben aus Aufgabe 1 aus.
Schreibe ihre Personalformen im Futur auf:
wohnen – ich werde wohnen, du wirst wohnen, …

> Verben können in verschiedenen **Zeitstufen** stehen:
> **Präsens** (Gegenwart): *Heute **wohnt** Lena in einem Dorf.*
> **Futur** (Zukunft): *Später **wird** sie in einer Stadt **wohnen**.*

4 Schreibe auf, wie dein Leben später einmal
aussehen wird. Benutze die Verben im Futur:
Später werde ich in den Bergen leben. …

Fachbegriffe „Präsens" und „Futur" kennenlernen; Zeitstufe
Futur kennenlernen und in Sätzen anwenden; Personalformen
im Futur aufschreiben

Sprache untersuchen S. 110   31

Strategien anwenden 1

(1) Verlängerung oder Ableitung? Finde die passenden Wörter
im Text und kennzeichne die Wortpaare mit ⤳ oder ⚡:

⤳ Kinder – Kind, …

| Kinder | schreiben | Liebe | Karte | Hang | Bilder |

Die Schülerinnen und Schüler der Klasse 4
sprechen über ihre Berufswünsche.
Jedes Kind schreibt seinen Lieblingsberuf
auf ein Kärtchen und hängt es an die Tafel.
Lara möchte einmal Maskenbildnerin werden.
Alle hören zu, als sie von ihrem Beruf erzählt:
„Meine Hauptaufgabe ist es dann, Schauspieler
und Fernsehmoderatoren vor ihrem Auftritt
zu schminken und zu frisieren."

(2) Welche Strategie musst du beim Schreiben der Berufswünsche
anwenden? ⤳ oder ⚡? Schreibe passende Wortpaare:

⚡ backen – Bäckerin, …
⤳ Schiffe – Schiffskoch, …

Berufswünsche der Klasse 4a

Mädchen	Jungen
Bäckerin	Schiffskoch
Eiskunstläuferin	Bergführer
Verkäuferin	Autohändler
Basketballspielerin	Flugbegleiter
Maskenbildnerin	Bürokaufmann
Rechtsanwältin	Rennfahrer
Tierärztin	Sänger
Tänzerin	Landwirt
Bäuerin	Gärtner

(3) Was möchtest du einmal werden? Male dich in deinem Wunschberuf
und schreibe dazu, warum du diesen Beruf ausüben möchtest.

Verlängerungen und Ableitungen Wörtern im Text
zuordnen und selber finden; Überlegungen zum
eigenen Berufswunsch anstellen

Hier üben wir

1 Übe den Text: oder  oder  oder .

Mein Wunschberuf

Meine Mutter ist Tierärztin. Das möchte ich später auch
mal werden. Wir mögen Tiere nämlich sehr gerne.
In den Ferien begleite ich meine Mutter manchmal in
den Reitstall. Einmal durfte ich dabei sein, als ein Fohlen
geboren wurde. Das war ein aufregendes Erlebnis.
Am liebsten schaue ich aber zu, wenn Kätzchen oder
andere kleine Tiere zur Untersuchung gebracht werden.
Meine Mutter muss die Tiere impfen, legt Verbände an,
muss kranke Zähne ziehen oder gebrochene Knochen
behandeln. Nicht immer verhalten sich die Patienten
während der Behandlung ruhig. Sie sind ängstlich und
wollen ausreißen oder empfinden große Schmerzen.

Manchmal werden Tiere gebracht, die bei Unfällen
verletzt wurden. Dann ist schnelle Hilfe wichtig.

die	Ärztin
das	Fohlen
das	Erlebnis
der	Verband
der	Patient
die	Schmerzen
der	Unfall
	impfen
	ausreißen
	empfinden
	verletzen
	ängstlich
	wichtig
	manchmal
	nämlich
	sehr

2 (M) Finde im Übungstext mindestens fünf Merkwörter: später, …

3 Finde im Übungstext mindestens fünf Wörter,
die du ableiten kannst. Schreibe die Wortpaare auf:
(⚡) Tierärztin – Tierarzt, …

*Drei Wörter mit
ä sind Merkwörter,
weil man sie nicht
ableiten kann.*

4 Schreibe zu diesen Wörtern eine Verlängerung auf.
Markiere die Stelle, die du verlängert hast. (↪) Erlebnis – erleben, …

Erlebnis   Reitstall   am liebsten   muss   ruhig   legt   wichtig

5 Setze diese Verben ins Präteritum und ins Perfekt: er darf, er durfte, er hat …

er darf   sie bringt   er zieht   sie impft   er schaut   sie muss

 L Was hast du in diesem Kapitel gelernt? Du kannst zum Beispiel
die Wunschberufe der Kinder in deiner Klasse erfragen und aufschreiben.

Übungswörter einzeln und im Textzusammenhang üben;
Wörter den Rechtschreibstrategien zuordnen; Verben:
Präteritum und Perfekt   Arbeitstechniken   S. 78–81   33

Das bin ich

Ich war stolz, als …

Mir war es peinlich, dass …

1 Beschreibt die abgebildeten Szenen.
Wie fühlen sich die Kinder?

2 Warst du schon einmal in einer ähnlichen Situation?
Erzähle davon. Beschreibe, wie du dich dabei gefühlt hast.

3 Wählt eine Szene aus und spielt sie mit verteilten Rollen.
Oder: Schreibt eure eigenen Erlebnisse auf.

Szenen beschreiben, die Gefühle der Beteiligten verstehen
und benennen; Perspektiven einnehmen, sich in eine Rolle
hineinversetzen; eine Szene mit verteilten Rollen spielen

Adressatenbezogen schreiben

1 Lest die Texte. Für wen sind diese Texte geschrieben?
Sprecht über die Unterschiede.

Unfallbericht

Am Dienstag, den 5.9.2017 um 15.20 Uhr stürzte
die zehnjährige Radfahrerin Clea M. auf dem
Radweg der Körnerstraße. Sie musste aus-
weichen, weil die Beifahrertür eines parkenden
Autos plötzlich geöffnet wurde, und prallte
gegen einen Poller auf dem Gehweg. Dabei zog
sich das Kind mehrere leichtere Verletzungen zu.
Am Fahrrad entstand ein erheblicher Sach-
schaden. Das Mädchen wurde in der Praxis
Dr. Klein medizinisch versorgt. Die Personalien
des Fahrzeughalters und des Beifahrers wurden
aufgenommen.

Hi Tom, kann nicht
trainieren, Radunfall –
Knie verletzt.
cu :-) Clea

Hallo Mama,
Clea hatte einen
Unfall. Ich bin bei
ihr zu Hause.
Luisa

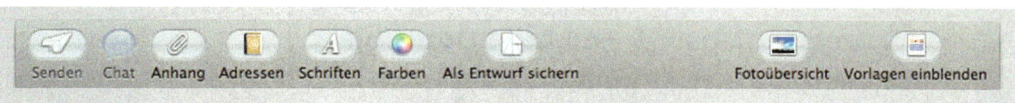

Senden   Chat   Anhang   Adressen   Schriften   Farben   Als Entwurf sichern   Fotoübersicht   Vorlagen einblenden

Hallo Maxi, das war heute ein Pechtag! Du kannst dir nicht vorstellen, wie
mein Rad aussieht. Luisa und ich fuhren auf dem Radweg zum Schwimmbad.
Plötzlich kam mir eine Autotür entgegen. Ich konnte nicht schnell genug
bremsen und bin gegen einen blöden Poller gerauscht und gestürzt. Vor Schreck

2 Betrachte die Bilder.
Schreibe zu dem Ereignis zwei unterschiedliche Mitteilungen.

Subjekt, Prädikat, Dativobjekt

1 Jeder macht etwas anderes. Schreibe die Sätze ab.

Mama schreibt ihrer Schwester.

Dorian hilft seinem Freund.

Der spannende Film gefällt den Kindern.

Tarek gratuliert seiner Oma.

Saida begegnet einem Hund.

Der Hund gehorcht seinem Herrchen.

2 Mit der Frage **Wer oder was …?** findest du im Satz das Subjekt.
Unterstreiche in jedem Satz das Subjekt blau: Mama schreibt ihrer Schwester.

3 Mit der Frage **Was tut …?** oder **Was geschieht?** findest du das Prädikat.
Unterstreiche in jedem Satz das Prädikat rot: Mama schreibt ihrer Schwester.

4 Mit der Frage **Wem …?** findest du eine Satzergänzung: das Dativobjekt.
Unterstreiche in jedem Satz das Dativobjekt hellgrün.
Wem schreibt Mama? Mama schreibt ihrer Schwester.

> Ein Satz kann eine oder mehrere Satzergänzungen haben.
> Die Satzergänzung im 3. Fall heißt **Dativobjekt**.
> Nach dem Dativobjekt fragt man mit *Wem …?*
> *Der spannende Film gefällt den Kindern.*
> *Wem gefällt der spannende Film? den Kindern*

5 Schreibe die Sätze auf. Frage nach dem Dativobjekt mit **Wem …?**
Wem winkt Papa? Unterstreiche das Dativobjekt grün:
Papa winkt den Kindern.

Papa winkt den Kindern.

Der Brei schmeckt dem Baby.

Hanna schreibt ihrer Freundin.

Lotte legt dem Hund die Leine an.

Das Buch gehört Paul.

Paul läuft Mama hinterher.

Mama hört Paul zu.

die Fachbegriffe „Subjekt" und „Prädikat" verwenden;
den Fachbegriff „Objekt" kennenlernen; mithilfe
von Fragen Dativobjekte in Sätzen erkennen

Dativobjekt und Akkusativobjekt

(1) Jeder macht etwas anderes. Schreibe die Sätze ab.

Mamas Schwester bekommt eine E-Mail.

Dorian trifft seinen Freund.

Die Kinder sehen einen spannenden Film.

Tarek besucht seine Oma.

Der Hund mag Saida.

Saida streichelt den Hund.

(2) Unterstreiche in jedem Satz das Subjekt blau und das Prädikat rot.
Mamas Schwester bekommt eine E-Mail.

(3) Mit der Frage **Wen oder was …?** findest du das Akkusativobjekt.
Unterstreiche in jedem Satz das Akkusativobjekt dunkelgrün.
Wen oder was bekommt Mamas Schwester?
Mamas Schwester bekommt eine E-Mail.

> Ein Satz kann eine oder mehrere Satzergänzungen haben.
> Die Satzergänzung im 4. Fall heißt **Akkusativobjekt**.
> Nach dem Akkusativobjekt fragt man mit **Wen oder was …?**
> *Tarek besucht seine Oma. Wen besucht Tarek? Seine Oma.*

(4) Suche dir ein Partnerkind. Bildet Sätze und diktiert sie euch gegenseitig.

Starke Kinder	leiht	den Kindern	eine Geschichte.
Sinan	zeigen	anderen	ein Foto.
Die Lehrerin	gibt	Janin	einen Euro.
Elio	sagen	Maike	einen Kuss.
Mama	erklärt	Denis	die Aufgabe.
Nele und Maxi	erzählt	Lumi	ihre Meinung.

(5) Schreibe die Sätze ab. Unterstreiche alle Satzglieder in der passenden Farbe.

Die Lehrerin diktiert den Kindern kurze Sätze.

Tante Maike schenkt Lisa ein Kaninchen.

Mara hat Tuka ihr neues Fahrrad geliehen.

Eva erzählt ihren Freunden eine spannende Geschichte.

das Akkusativobjekt kennenlernen, Objekte im Wem-
und Wen-Fall im Satzzusammenhang anwenden
und erkennen

Sprache untersuchen **S. 118**

37

Verlängern: silbentrennendes h

① Lest den Text.

Es ist Samstag. Trotzdem stehen Emma und Paul morgens
schnell auf und ziehen sich an. Heute findet ein Kinderflohmarkt
statt. Sie wollen alte Spielsachen und Bücher dort verkaufen.
Von Mama leihen sie sich die große Picknickdecke, dann gehen
sie los. Am Flohmarkt angekommen, drehen sie eine kleine
Runde und sehen sich nach einem guten Platz um. Kaum haben
Emma und Paul ihre Waren ausgebreitet, bleiben die ersten Leute stehen.

> Manche Wörter schreibst du mit einem h. Wenn du deutlich in Silben
> sprichst, kannst du das h hören: *ge hen, die Kü he, ru hig.* Auch die
> verwandten Wörter schreibst du mit h: *sie geht, die Kuh, er ruht sich aus.*

② Schreibe die roten Verben aus dem Text auf. Zeichne Silbenbögen darunter.
Schreibe zu jedem Verb die Personalform mit **du**, **er** und **ihr** dahinter.
stehen, du stehst, er steht, ihr steht, …

③ Finde passende Verlängerungen und schreibe die Wortpaare auf:
nah – Nähe, …

| nah | flieht | glüht | froh | blüht | roh | weht | kräht |

④ Schreibe die passenden Verbformen auf: fliehen, er floh, er ist geflohen, …

| fliehen | es geschah | ruhen | drohte | er hat geruht | er floh | geschehen |
| sie hat gedroht | er ist geflohen | er ruhte | es ist geschehen | drohen |

⑤ Schreibe die Sätze ab. Verlängere die Bildwörter zuerst in Gedanken.

Alex kann seinen zweiten _____ nicht finden.

Rayan hat noch nie eine _____ gesehen.

Nesrin beobachtet ein _____ in der Abenddämmerung.

Larissas Katze hat einen _____ .

Hier üben wir

(1) Übe den Text: oder oder oder .

Maltes Großeltern

Neuerdings verbringt Malte viel Zeit mit seinen
Großeltern. Seit einigen Monaten muss sein Opa nicht
mehr arbeiten gehen und freut sich, wenn Malte kommt.
Die beiden verstehen sich prima und sehen sich immer
gern. Manchmal ziehen sie ihre Laufschuhe an und rennen
gemeinsam los. Im Herbst ist Opa sogar beim Marathon
mitgelaufen. Am Samstag drehen sie auch große Runden
mit dem Rad. Wenn sie sich anschließend ausruhen,
schauen sie sich gerne Comics oder Zeichentrickfilme an.

Meistens kommt Oma danach mit den Spielkarten.
Dann zwinkert Opa und flüstert: „Pass auf, da kommt
unsere Schummelkönigin."

die Großeltern
die Monate
der Marathon
der Comic
der Trickfilm
verbringen
müssen
er muss
anziehen
zwinkern
flüstern
aufpassen
pass auf
prima
gemeinsam
anschließend
meistens
danach

(2) Finde im Übungstext sechs Verben mit silbentrennendem h.
Schreibe sie in der Grundform und in der Personalform mit **ihr** auf.
gehen – ihr geht, …

(3) Wähle Wortbausteine aus und bilde mit zwei Verben
aus Aufgabe 2 neue Verben: weggehen, vergehen, …

ein-   aus-   an-
ver-   auf-   weg-

(4) Schreibe die Sätze mit passenden Objekten auf.
Unterstreiche Dativobjekte hellgrün und Akkusativobjekte dunkelgrün.
Malte besucht seine …

Malte besucht	den beiden die Spielkarten.
Opa nimmt Malte	seine Großeltern gerne.
Oma bringt	Malte etwas zu.
Dann flüstert Opa	manchmal zum Joggen mit.

L Was hast du in diesem Kapitel gelernt? Du kannst zum Beispiel
eine Mitteilung an deinen Freund oder deine Freundin schreiben.

Übungswörter einzeln und im Textzusammenhang üben;
Wörter mit h üben; Verben mit vorangestellten Wortbausteinen;
Dativ- und Akkusativobjekte erkennen   Arbeitstechniken   S. 78–81   39

Tieren auf der Spur

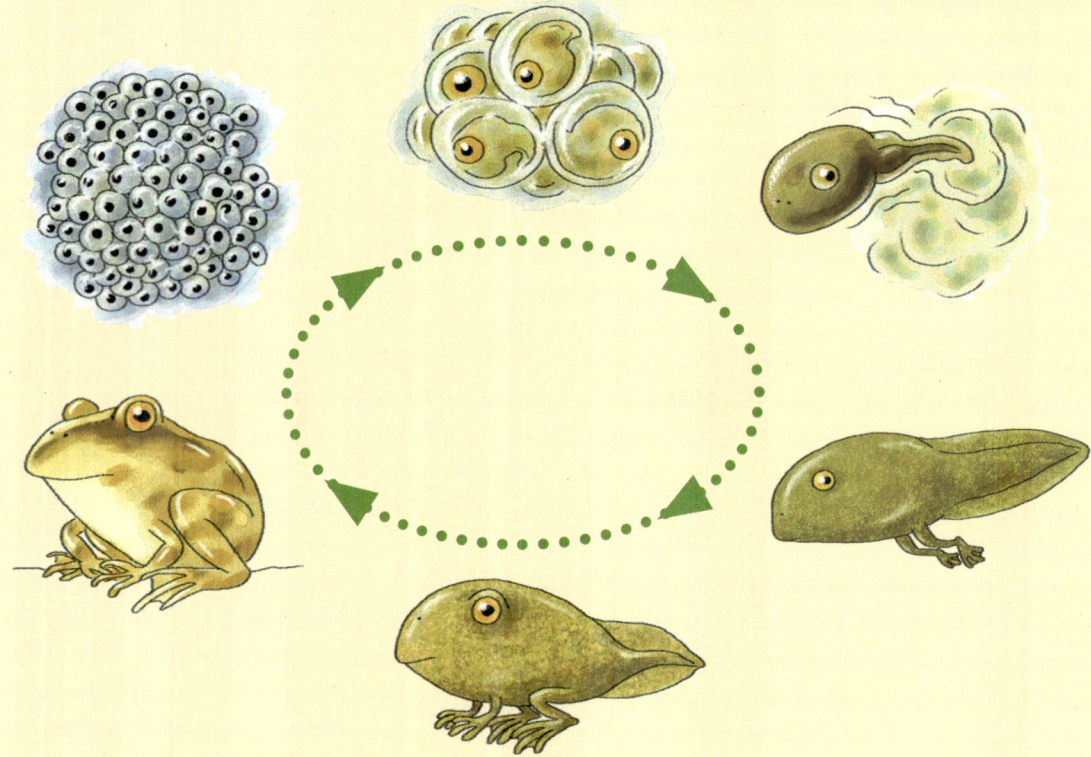

① Beschreibt die Entwicklung eines Frosches. Benutzt die Stichworte.

> Der Laich wird vom Froschweibchen ...

Froschweibchen legt Eier (den „Laich")	Kopf und Schwanz entwickeln sich	Kaulquappe schlüpft
Hinterbeine wachsen, der Schwanz schrumpft	Vorderbeine wachsen, der Schwanz schrumpft weiter	ausgewachsener Grasfrosch, kann das Wasser verlassen

② Beschreibt die Entwicklungsstadien anderer Tiere. Informiert euch in Sachbüchern oder im Internet. Gestaltet ein Plakat.
Oder: Erstellt eine Präsentation, z. B. für die Dokumentenkamera.

  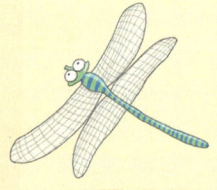

funktionsangemessen sprechen: Sachverhalte beschreiben; Fachbegriffe benutzen; Informationen in Medien suchen

Bitten formulieren

(1) Wie sollen sich Menschen am Teich verhalten?
Schreibe die Sätze für ein Hinweisschild am Teich auf.

Liebe Naturfreunde,
an diesem Teich leben
viele Tiere.
Bitte nähern Sie sich dem
Teich langsam. Verhalten
Sie sich bitte ruhig und …
…
…
Danke für
Ihre Rücksichtnahme.

- sich dem Teich langsam nähern
- sich ruhig verhalten, keinen Lärm machen
- nicht sofort ans Ufer treten
- nicht schwimmen
- keinen Müll zurücklassen
- Hunde nicht frei laufen lassen

Die Höflichkeits-
pronomen schreibt
man groß.

(2) Die Klasse 4a möchte Informationen zum Thema Teich.
Welche E-Mail würdest du abschicken? Schreibe sie ab.
Schreibe danach, warum du diese E-Mail ausgewählt hast.

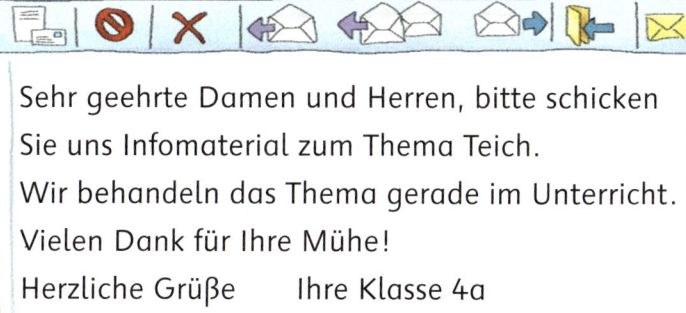

Sehr geehrte Damen und Herren, bitte schicken
Sie uns Infomaterial zum Thema Teich.
Wir behandeln das Thema gerade im Unterricht.
Vielen Dank für Ihre Mühe!
Herzliche Grüße   Ihre Klasse 4a

Hallo, wir brauchen
Infos zum Teich
möglichst schnell.
Tschüss
Klasse 4a

(3) Sammelt höfliche Formulierungen für mündliche und schriftliche Bitten.

Verhaltensregeln am Teich besprechen und aufschreiben; E-Mails mit der Bitte um Informations-
material beurteilen und verfassen

Texte verfassen S. 140

41

Adjektive: Vergleichsstufen

1 Lest die Beschreibungen der Froscharten.
Sucht auf den Bildern nach typischen Merkmalen.

Am häufigsten kommt bei uns der Grasfrosch vor. Er wird bis zu 10 Zentimeter groß. Dieser Frosch lebt in feuchten Wäldern, Wiesen, Mooren.

Der kleinste der drei Frösche ist der Laubfrosch. Er lebt an Waldrändern, im Schilf oder im Gras. Er kann besonders gut klettern.

Ein Wasserfrosch kann sehr dick werden. Sein Lebensraum ist der Uferbereich von Seen, Teichen und Tümpeln. Er entfernt sich nie weit vom Wasser. Beim geringsten Geräusch taucht er unter.

> Mit **Adjektiven** kannst du Nomen genauer beschreiben. Du erkennst Adjektive auch daran, dass du mit ihnen etwas **vergleichen** kannst:
> Grundform: *Der Wasserfrosch ist **klein**.*
> 1. Vergleichsstufe: *Der Grasfrosch ist **kleiner**.*
> 2. Vergleichsstufe: *Der Laubfrosch ist **am kleinsten**.*

2 Schreibe die Texte zu den Fröschen ab.
Unterstreiche die Adjektive: Am häufigsten …

3 Ordne die Adjektive aus den Texten in eine Tabelle.
Ergänze die fehlenden Formen:

Grundform	1. Vergleichsstufe	2. Vergleichsstufe
häufig	häufiger	am häufigsten

4 Finde weitere passende Adjektive zum Frosch und seinem Lebensraum.

Funktion von Adjektiven in Texten untersuchen;
Adjektive nach Vergleichsstufen ordnen;
Textverständnis überprüfen

Vokale und Konsonanten

1 Schreibe den Text ab. Ergänze die fehlenden Konsonanten: Vergnügt ...

_ergnügt steigen die _inder aus dem _us und
über_ _ueren vorsichti_ die St_aße. Ansch_ießend
rennen _ie quer über die _iese. Dort en_decken
sie ei_en Bach _it einer Quelle. Linus un_ Caroline
zie_en Schuhe und So_ken aus.

Welche sechs
Konsonanten musst
du nicht einsetzen?

2 Kannst du die Fortsetzung der Geschichte enträtseln?
Setze beim Abschreiben die fehlenden Vokale ein.
Die Kinder waten ...

Die K_nd_r waten d_rch d_s kalte W_ss_r
_nd spritzen sich n_ss.
Jens r_ft: „M_cht keinen Quatsch!" _r setzt
s_ch _ns Gr_s _nd beobachtet einen Fr_sch,
d_r auf einem Stein sitzt _nd s_ch s_nnt.

> a, e, i, o, u sind **Vokale**. Alle anderen Buchstaben
> im Alphabet nennt man **Konsonanten**.

3 Lege eine Tabelle an. Ordne die Wörter
paarweise nach langem und kurzem Vokal.
Was fällt dir auf?

langer Vokal	kurzer Vokal
der R<u>a</u>be	die Ratte
...	...

der Rabe
die Puppe
das Lamm
der Schall
die Hütte
die Wiege
die Qual

die Ratte
die Hüte
die Wippe
die Qualle
der Schal
das Lama
der Pups

die Fachbegriffe „Vokal" und „Konsonant" kennenlernen und
festigen; Vokale und Konsonanten in Lückentexte einsetzen;
Vokallänge in Wörtern abhören und unterscheiden

43

Strategien anwenden 2

① Lest gemeinsam den Text. Wer von euch
hat schon einmal so eine Rettungsaktion beobachtet?

Anna und Leon nehmen an einer Rettungsaktion
für Kröten teil. Um im Frühjahr zu den Laichgewässern
zu gelangen, müssen die Kröten häufig Straßen
überqueren. Das ist aber sehr gefährlich.

Damit nicht jedes Jahr Tausende von Kröten überfahren
werden, stellen Naturschützer Schutzzäune auf.
Die Tiere kriechen am Zaun entlang und fallen in dort
eingegrabene Eimer. Morgens und spät am Abend
werden die Eimer kontrolliert. Die eingefangenen Tiere
bringen die Helfer dann auf die andere Straßenseite.
Anna und Leon arbeiten jedes Wochenende fleißig mit.

② Schreibe die grünen Merkwörter auf. Male an,
was du dir merken musst: nehmen, ...

③ Schreibe die roten Wörter aus dem Text heraus.
Setze vor jedes Wort das passende Zeichen,
 oder Ⓜ: Ⓜ wenn, ...

Wenn die Kröten den schwierigen Weg zum Tümpel
hinter sich gebracht haben, legt jedes Weibchen
mehr als tausend Eier in das Wasser.
Danach ziehen sich die erwachsenen Kröten
wieder in den kühlen und feuchten Wald zurück.

④ Schreibe die Wörter rechts in eine Tabelle.
Kreuze für alle Wörter die passenden Strategien an.
Manchmal musst du für ein Wort zwei Strategien anwenden.

		⚡	Ⓜ
fleißig	X		X
Laichgewässer			
...			

fleißig
Laichgewässer
Bergspitze
Schutzzäune
Frühlingslied
Erdbeere
Nussbäume
häufig

über Rettungsaktionen für Kröten sprechen; Merk-
stellen in Merkwörtern markieren; Wörter den
Rechtschreibstrategien zuordnen

Hier üben wir

1 Übe den Text: oder ▢ oder 👥 oder 🏃 .

Frösche

Frösche leben in unterschiedlichen Lebensräumen auf
der ganzen Welt, nur nicht am Südpol und am Nordpol.
Die meisten halten sich in Teichen und Tümpeln oder
in der Nähe von Gewässern auf. Viele Frösche werden
am Abend besonders aktiv. Deshalb hört man sie in
der Dämmerung häufig laut quaken. Die in Deutschland
bekanntesten Frösche sind der bräunlich gefärbte Grasfrosch, der leuchtend grüne Laubfrosch und der
Wasserfrosch. Der Laubfrosch ist auch ein sehr guter
Kletterer in Bäumen und Sträuchern. Frösche haben
viele natürliche Feinde, zum Beispiel Störche und Uhus.

der Nordpol
die Nähe
die Gewässer
die Dämmerung
der Laubfrosch
die Straße
das Moor
quaken
legen
gefährden
unterschiedlich
aktiv
häufig
bekannt
natürlich
schlimm
trocken

🪀 Ihr schlimmster Feind ist und bleibt der Mensch.
Er baut Straßen und legt Wiesen und Moore trocken.
Diese Veränderungen gefährden die Frösche.

2 Ⓜ Finde im Übungstext mindestens fünf Merkwörter: von, …

3 Finde im Übungstext mindestens fünf Wörter, die du ableiten kannst.
⚡ Schreibe die Wortpaare auf: Lebensräumen – Lebensraum, …

4 Schreibe zu diesen Wörtern eine Verlängerung auf. Markiere die Stelle,
die du verlängert hast. ↪ unterschiedlichen – Unterschiede, …

unterschiedlichen   Südpol   Abend   häufig

leuchtend   bleibt   legt

5 Finde im Übungstext vier Adjektive und schreibe sie
in der Grundform und den beiden Vergleichsstufen auf:
unterschiedlich, unterschiedlicher, am …

🔲 L Was hast du in diesem Kapitel gelernt? Du kannst zum Beispiel
zu Verbotsschildern in deiner Umgebung höfliche Bitten formulieren.

Übungswörter einzeln und im Textzusammenhang üben;
Wörter den Rechtschreibstrategien zuordnen; Adjektive:
Vergleichsstufen   Arbeitstechniken   S. 78–81   45

Frühlingsduft

① Seht euch die verschiedenen Fahrradmodelle an.
Für welchen Zweck wurden sie erfunden?

② Diese Fachbegriffe beschreiben Teile des Fahrrads.
Beschreibe ihre Funktion.

Kette   Pedale   Lenkstange   Speichen

Reifen   Bremsen   Licht   Reflektoren

> Mit der Lenkstange lenke ich das Rad.

③ Beschreibe, wofür du dein Fahrrad nutzt.
Oder: Im Jahr 2017 wurde das Fahrrad 200 Jahre alt.
Das Rad, wie es heute aussieht, gibt es seit etwa 140 Jahren.
Informiere dich und berichte in der Klasse über die Geschichte des Fahrrads.

Fahrräder und die Funktion von Fahrradteilen
beschreiben; funktionsangemessen sprechen;
informieren, Fachbegriffe benutzen

Einen Vorgang beschreiben

1 Bremse und Licht sind wichtige Teile eines Fahrrads.
Sieh dir die Zeichnung an. Beschreibe, wie die **Handbremse** funktioniert.

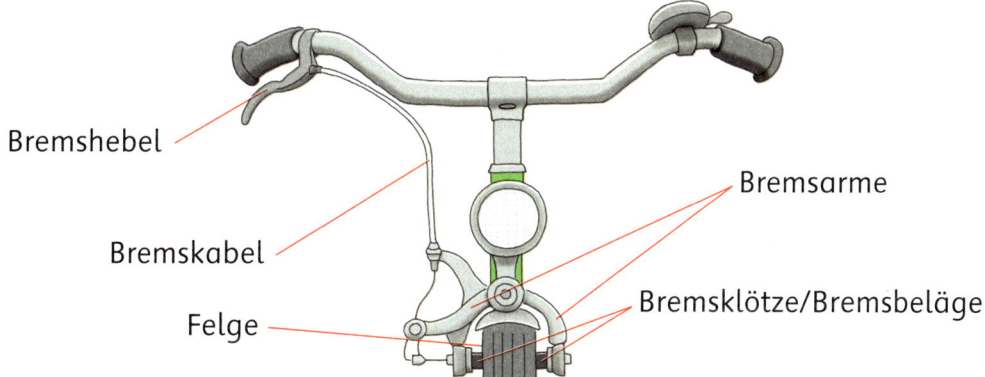

Bremshebel

Bremsarme

Bremskabel

Felge

Bremsklötze/Bremsbeläge

2 Setze die passenden Lückenwörter aus der Abbildung in den Text ein.

Wenn der ____ betätigt wird, zieht das ____ die ____ zusammen.
Dadurch werden die ____ gegen die ____ gedrückt und das Fahrrad
wird abgebremst. Mit der Zeit schleifen sich die ____ auf den Bremsklötzen ab.
Sie müssen deshalb regelmäßig kontrolliert werden.

3 Wie funktioniert der Dynamo? Betrachte die Abbildung.
Schreibe die Textteile in der richtigen Reihenfolge auf: Beim Treten ...

Beim Treten der Pedale
dreht sich der Reifen.

Durch die Drehung der Rolle
wird Strom erzeugt.

Mit dem Reifen dreht sich
die Rolle des Dynamos.

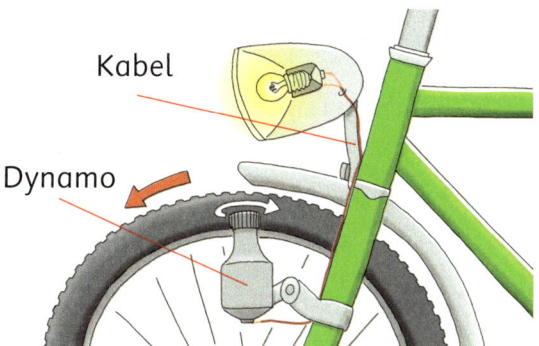

Kabel

Die Glühlampe im Schein-
werfer beginnt zu leuchten.

Dynamo

Über ein Kabel wird der Strom
zum Scheinwerfer geleitet.

4 Wähle eine Maschine aus dem Alltag. Beschreibe, wie sie funktioniert.
Schreibe kurz und sachlich, verwende Fachbegriffe, achte auf
die richtige Reihenfolge.

mithilfe von Textvorgaben Funktionsweisen
von Fahrradtechnik beschreiben: Handbremse
und Dynamo

Texte verfassen S. 130 47

Wortfelder

(1) Lest das Gespräch mit verteilten Rollen.

Toni bittet:	„Komm, lass uns heimfahren, mir ist kalt."
Aylin antwortet:	„Mensch Toni, das bildest du dir nur ein. Die Sonne scheint doch!"
Toni ▒▒ :	„Kann schon sein, aber der Wind bläst so stark."
Aylin ▒▒ :	„Mir macht der Wind nichts aus."
Toni ▒▒ :	„Mir aber!"
Aylin ▒▒ :	„War doch nicht so gemeint. Hast du keine Jacke dabei?"
Toni ▒▒ :	„Nein, leider nicht."
Aylin ▒▒ :	„Halt mal an. Du kannst meine haben."
Toni ▒▒ :	„Danke, Aylin."
Aylin ▒▒ :	„Weiter geht's! Mal sehen, wer als Erster am Sportplatz ist."

(2) Überlegt, welche Verben aus dem Wortfeld **sprechen** am besten in die Lücken passen.

> antworten   bitten   erwidern   sagen   behaupten
> entgegnen   erklären   jammern   meinen   rufen

(3) Schreibe das Gespräch vollständig auf: Toni bittet: „Komm, …"

(4) Ordne die Wörter passend zu:
Wortfeld essen: futtern, …
Wortfeld gehen: hasten, …

bellen, jaulen, winseln, knurren …

hasten • stolpern • futtern • laufen • stapfen • tafeln
löffeln • schlingen • frühstücken • stopfen • trödeln
probieren • schlendern • schleichen • schreiten • speisen
mampfen • rennen • marschieren • fressen • bummeln

(5) Suche dir aus jedem Wortfeld fünf Wörter aus und bilde damit Sätze: Am Sonntag frühstücke ich mit …

Gespräch mit verteilten Rollen lesen; Verben aus dem Wortfeld „sprechen" auswählen; Gespräch mit Redebegleitsatz und wörtlicher Rede notieren; Wörter den Wortfeldern „essen" und „gehen" zuordnen

Wörtliche Rede und Begleitsätze

① Lest den Gesprächsanfang.
Wo stehen die Redebegleitsätze?

„Simon, hast du einen Wunsch zu Ostern?", fragt Mutter.
„Oh ja", ruft Simon, „ein neues Fahrrad wäre super!"
Mutter meint: „Findest du das nicht
ein bisschen teuer?"
…

② Schreibe den Gesprächsanfang ab.
Unterstreiche die Redebegleitsätze.
Achte auf die Redezeichen:
„Simon, hast du …

> Redebegleitsätze stehen vor, in oder nach der wörtlichen Rede:
> **Simon ruft**: *„Oh ja, ich wünsche mir ein neues Fahrrad."*
> *„Oh ja"*, **ruft Simon**, *„ich wünsche mir ein neues Fahrrad."*
> *„Oh ja, ich wünsche mir ein neues Fahrrad"*, **ruft Simon**.

③ Schreibe ab, wie das Gespräch weitergeht.
Ergänze die Redezeichen. Unterstreiche die Redebegleitsätze:
„Was kostet denn ein neues …

   Was kostet denn ein neues Fahrrad?   , will Simon wissen.
   Mehr als wir uns für Ostern vorgestellt haben   ,
erwidert Mutter.
   Ein Glück   , freut sich Simon,   dass ich bald Geburtstag habe.
Da lacht seine Mutter und antwortet: Als Geburtstagsgeschenk
lässt sich das sicher machen und bestimmt weißt du auch
schon genau, welches dir am besten gefällt.
   Wenn du Zeit hast   , meint Simon eifrig,   zeige ich dir
gleich mal, welche Modelle ich toll finde.

④ Überlege dir ein Thema. Erfinde ein ähnliches Gespräch.
Schreibe es mit Redebegleitsätzen auf.

verschiedene Stellungen des Redebegleitsatzes kennenlernen
und im Textzusammenhang anwenden; Anführungszeichen
richtig setzen

Sprache untersuchen **S. 120**

49

Wortfamilien (M)

1 Lest den Text. Wer war schon einmal auf einem Fahrradmarkt oder in einem Fahrradgeschäft? Erzählt.

Im Frühling findet in unserem Ort ein Fahrradmarkt statt.
Dort gibt es viele Fahrräder zu kaufen. „Wir müssen
früh dort sein, denn Frühaufsteher haben die besten
Chancen", sagt Papa.
Also gehen wir schon vor dem Frühstück los.
Der Markt ist noch ganz leer. Wir suchen als Erstes
nach einem Mädchenfahrrad. Ich freue mich, als wir
beim Stand neben dem Geländer ein schönes
Fahrrad für mich finden. Vorsichtig darf ich eine
kleine Runde fahren. Es klappt schon ganz gut.
Der Lärm in der Halle ist enorm.
Als Nächstes schauen wir uns einen Fahrradsitz an,
in dem mein kleiner Bruder sitzen soll. Vorher kaufen
wir für mich noch einen bunten Fahrradhelm,
der vorne ein paar lustige Aufkleber hat.
Bevor wir nach Hause gehen, kaufen wir noch Erdbeergelee
und Frühstücksbrötchen beim Bäcker. Zu Hause trinken
meine Eltern dazu frischen Kaffee und ich leckeren Tee.

2 Finde im Text die Wörter der Wortfamilien **fahren** und **früh**:
fahren: …   früh: …

3 Ordne die Wörter nach den vier Wortfamilien.
Unterstreiche den Wortstamm: <u>Kaffee</u>tasse, …

Kaffeetasse • Motorenlärm • Leerlauf • Pulverkaffee • Süßstoff
ausleeren • Lärmschutz • Kaffeebohne • zuckersüß • kaffeebraun
lärmen • Süßkartoffel • leeren • lärmend • leergefegt • süßen

4 Suche zu jeder Wortfamilie mindestens drei Wörter: Pulverschnee, …

Schnee   Mädchen   Beere   wohnen   wählen

Hier üben wir

1 Übe den Text: oder  oder oder .

Radtour im Frühling

Am Wochenende startet Toni mit ihrer Familie zu der
lange geplanten Radtour an den Waldsee. In den Tagen
vorher hat sie kontrolliert, ob ihr Rad verkehrssicher ist
und es außerdem blitzblank geputzt. Am frühen Morgen
fahren sie los. „Puh, ist das windig!", ruft Toni. Alle müssen
kräftig in die Pedale treten, um vorwärtszukommen.
Am Seeufer angekommen, legen ihre Eltern eine große
Decke ins Gras und packen Saft, Tee, Brote und Obst für
ein Picknick aus.

Toni holt ihre selbst gebackenen Muffins aus dem
Fahrradkorb. „Hm", meint ihr Vater begeistert,
„darauf freue ich mich schon den ganzen Vormittag."

die Radtour
der See
das Obst
das Picknick
die Muffins
kontrollieren
putzen
packen
verkehrssicher
windig
kräftig
vorwärts
darauf
vorher
ob
außerdem

2 (M) Bilde mit diesen Wörtern eine Wortfamilie und schreibe sie auf:

Obstsalat, …

Obst	Lärm	Salat	Vater	Ampel
groß	Saft	Schild	Stein artig	Stadt
Verkehr	Kuchen	Buchstaben	Straßen	

3 Schreibe mit den Verben passende Redebegleitsätze.
Setze die Satzzeichen: Toni fragt: „Wer möchte …"

fragen   finden   antworten   entgegnen

Toni   Wer möchte einen selbst gebackenen Muffin?

Bitte einen mit Schokolade   ihre Mutter.

Diese Radtour ist aber ziemlich anstrengend   Tonis Bruder.

Dafür gibt es aber auch ein leckeres Picknick   Tonis Vater.

L Was hast du in diesem Kapitel gelernt? Du kannst zum Beispiel
möglichst viele Wörter zu einer Wortfamilie sammeln.

Übungswörter einzeln und im Textzusammenhang üben;
Wörter verschiedener Wortfamilien bilden; Redebegleitsätze
aufschreiben, Satzzeichen beachten

Arbeitstechniken   S. 78–81   51

Bühne frei

1. Die Klasse 4b spielt Theater. Beschreibt, was ihr auf dem Bild seht.

2. Beim Theater gibt es viele Fachbegriffe. Klärt ihre Bedeutung.

das Bühnenbild	die Schauspieler	die Bühne
die Generalprobe	die Textvorlage	die Kulisse
der Vorhang	die Aufführung	die Kostüme
das Lampenfieber	die Rollen	die Regie

> Die General-
> probe ist …

3. Bestimmt hast du auch schon mal Theater gespielt.
   Wie ging es dir dabei?
   Oder: Welche Theaterstücke hast du schon gesehen?

ein Bild beschreiben; Fachbegriffe aus dem Bereich Theater kennenlernen und besprechen

Ein Stehauf-Theaterstück vorbereiten

(1) Lest die Hinweise, wie ihr ein Stehauf-Theaterstück vorbereiten könnt.

Die Bühne:

Die Bühne ist schnell mit einfachen Mitteln aufgebaut:
Ihr braucht ein Bettlaken, das aufgespannt wird. Dahinter
steht eine Bank für die Schauspieler. Schön wirkt es,
wenn das Bettlaken bemalt oder dekoriert ist.

Die Schauspieler:

Das Publikum sieht zunächst nur dieses Bettlaken,
denn die Schauspieler sitzen dahinter auf ihren Bänken
und sind nur zu sehen, wenn sie aufstehen.
Nur wer spricht oder singt, steht auf.
Eine besondere Rolle nimmt der Erzähler ein.
Er führt durch die Geschichte. Das können auch
verschiedene Personen übernehmen.

Musik, Plakate:

Das Theaterstück kann mit Liedern begleitet werden.
Auch Geräusche vom Band oder selbst gemachte Geräusche
sorgen für Abwechslung. Plakate können die Aufführung
noch auflockern.

Kostüme:

Kopfbedeckungen wie Hüte, Mützen und Kappen sind wichtig,
weil meistens nur die Köpfe der Schauspieler zu sehen sind.
Ihr könnt auch Masken basteln, die zur Handlung
passen, zum Beispiel Tiermasken bei einem Märchen
wie „Die Bremer Stadtmusikanten".

(2) Schaut euch die nächste Doppelseite an.
Dort findet ihr einen Text zum Spielen.

Schneewittchen: Ein Stehauf-Theaterstück

(Alle Schauspieler stellen sich vor und stehen dabei auf.)
Ich bin der Erzähler.   Ich bin die Königin.   Ich bin der Spiegel.
Ich bin das Schneewittchen.   Ich bin der Jäger.   Wir sind die Zwerge.
Ich bin der Königssohn.

---

5   Ihr kennt doch die Königin, Schneewittchens böse Stiefmutter?
Sie möchte immer die Schönste sein.

Spieglein, Spieglein, an der Wand, wer ist die Schönste im ganzen Land?

Frau Königin, Ihr seid die Schönste hier,
aber Schneewittchen ist tausendmal schöner als Ihr.

10 Deshalb beauftragte die Stiefmutter ihren Jäger,
Schneewittchen im Wald zu töten.

Ach, lieber Jäger. Habt doch Mitleid und lasst mir mein Leben.

Na gut. Dann lauf in den Wald und komme nie wieder heim.

So entkam Schneewittchen dem Tode. Im tiefen Wald fand sie
15 ein Häuschen, in dem alles winzig klein war. Sie ging hinein.
(kleine Pause) Am Abend kamen die Zwerge nach Hause.

(Zwerg 1) Wer hat auf meinem Stühlchen gesessen?

(Zwerg 2) Wer hat von meinem Tellerchen gegessen?

(Zwerg 3) Wer hat von meinem Brötchen genommen?

20 Ja gut, ihr wisst, was die anderen Zwerge noch gesagt haben,
das können wir uns hier sparen.

(alle Zwerge) Und wer hat in unseren Bettchen gelegen?

(Zwerg 4) Ach herrje! Schaut hier in meinem Bettchen.

(Zwerg 5) Oh! Wie ist das Kind so schön.

25 Als es Morgen war, erwachte Schneewittchen
und als es die sieben Zwerge sah, erschrak es fürchterlich.

Zu Hilfe! Wer seid denn ihr?

(Zwerg 6) Wer bist denn du?

(alle Zwerge) Ja, wo kommst du denn her?

30 Schneewittchen erzählte ihre Geschichte und
die sieben Zwerge schmolzen dahin wie die Eisberge in Grönland.

(Zwerg 7) Bleib doch bei uns.

ein dialogisiertes Märchen lesen und vorbereiten;
einen Vortrag üben und Texte sinngestaltend
vortragen

Ja, von Herzen gern. Ich will euch im Haus helfen.

Und so lebten sie eine Zeit lang glücklich und zufrieden.
35 Aber ihr wisst ja. Der Spiegel kam wieder ins Spiel.

Spieglein, Spieglein, an der Wand, wer ist die Schönste im ganzen Land?

Frau Königin, Ihr seid die Schönste hier, aber Schneewittchen
über den Bergen bei den sieben Zwergen ist noch tausendmal schöner als Ihr.

Das machte die böse Königin sehr wütend. Drei Mal ging sie verkleidet
40 zum Haus der Zwerge und versuchte Schneewittchen umzubringen.
Wisst ihr noch, womit sie es beim ersten Mal versuchte?

(Königin hält einen Gürtel hoch, Publikum soll antworten)

Was benutzte sie beim zweiten Mal?

(Königin hält einen Kamm hoch, Publikum soll antworten)

45 Und das passierte beim dritten Mal:

Schau, Schneewittchen, schau, dieser wunderschöne Apfel. *(beißt hinein)*

Nein, die Zwerge haben mir verboten, von Fremden irgendetwas anzunehmen.

Aber Schneewittchen. Der ist doch 100 Prozent Bio.

Ach so, Bio. Dann kann er mir ja nicht schaden.

50 *(beißt hinein und sinkt in sich zusammen)*

Hahaha! *(lacht grauenvoll und hämisch)*

Ich muss euch nicht erzählen, wie traurig die Zwerge waren, als sie
abends nach Hause kamen und das leblose Schneewittchen fanden.

(Alle Zwerge kommen abwechselnd hoch, weinen und heulen durcheinander.)

55 Und weil Schneewittchen trotzdem noch so wunderschön war,
legten sie es in einen gläsernen Sarg und bewachten es Tag und Nacht.
Ihr kennt das Happy End: Eines Tages kam ein Königssohn angeritten
und verliebte sich unsterblich in Schneewittchen.

(deutet Reiten an) Oh, ach! Wie schön sie ist. Ich will sie mitnehmen.

60 Aber die dusseligen Diener – sie stolperten mit dem Sarg über einen Stein.
Da geschah das Wunder: Das giftige Apfelstück fiel aus Schneewittchens Mund
und sie war wieder lebendig.

Willst du meine Gemahlin werden?

Ja! *(Beide schauen sich verliebt an.)*

Freizeit

FERIENCAMP

Zelten am Waldsee vom 29.7.–5.8.

Spaß für Kinder von 6–16 Jahren
Es erwarten dich ein schöner Badestrand,
tolle Sportanlagen, ein Abenteuerspielplatz,
Schnitzeljagd, Abende am Lagerfeuer, Disco …
Mehr Informationen unter www.

Spaß – Spannung – Abenteuer im Hochseilgarten Neustadt

10 verschiedene Parcours
für Groß und Klein
Täglich von 10 bis 19 Uhr

Großes Ritterfest
Burg Steilenfels

12./13. Juni, 11.00–20.00 Uhr

Historischer Markt
Bogenschießen
Messerwerfen
Ritterkämpfe
Feuershow
Spielleute

Schnuppertag in der Musikschule

8. Juni

11.00 Uhr:
Konzert des
Kinderorchesters

12.00 bis 16.00 Uhr:
Instrumentenkarussell

PAULINE

Familienrestaurant
mit Indoor-Spielplatz

Sonntag 9–13 Uhr:
Familien-Brunch

Nachts im Museum

Am 9. August ist das
MUSEUM AM STADTTOR
bis 1.00 Uhr nachts geöffnet.

Tickets:
Erwachsene
8,00 €
Kinder
3,50 €

1. Wo würdest du gerne hingehen?
   Sprecht über die Freizeitangebote.

2. Welches Plakat fällt besonders auf? Begründe.

3. Womit verbringst du deine Zeit außerhalb der Schule?
   Hast du einen Lieblingstag?

4. Was könntest du machen, wenn dir langweilig ist? Schreibe 5 Ideen auf.
   Oder: Legt gemeinsam eine Kartei mit Anti-Langeweile-Tipps an.

> Ich mag den Dienstag, da ist der Nachmittag nicht verplant.

56

eigene Meinung zu unterschiedlichen Freizeitangeboten formulieren; über die Wirkung sprachlicher und gestalterischer Merkmale
sprechen; sich über die eigene Freizeitgestaltung austauschen

Diagramme

1 Forscher haben Kinder im Alter von 6 bis 13 Jahren gefragt, was sie in ihrer Freizeit am liebsten machen. Von 100 Mädchen und 100 Jungen wurden diese Dinge am häufigsten genannt. Betrachtet das Diagramm.

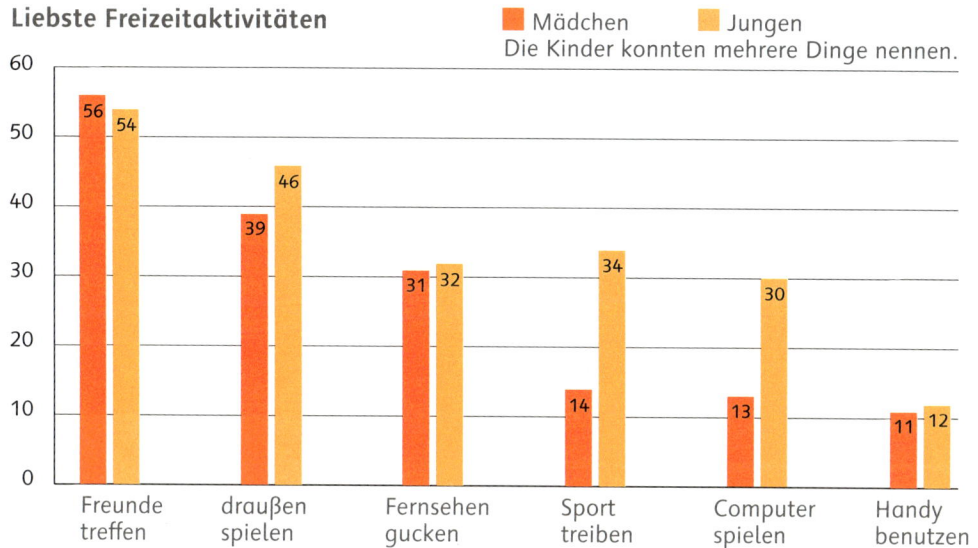

Liebste Freizeitaktivitäten

Mädchen Jungen
Die Kinder konnten mehrere Dinge nennen.

	Freunde treffen	draußen spielen	Fernsehen gucken	Sport treiben	Computer spielen	Handy benutzen
Mädchen	56	39	31	14	13	11
Jungen	54	46	32	34	30	12

2 Überprüfe diese Aussagen mithilfe des Diagramms.
Schreibe nur die richtigen Aussagen auf.

> Mehr als die Hälfte aller Kinder treffen am liebsten Freunde.
>
> Mehr Mädchen als Jungen spielen am liebsten draußen.
>
> Sport zu treiben ist für Jungen wichtiger, als Fernsehen zu gucken.
>
> Am Computer spielen die Kinder lieber als mit dem Handy.
>
> Jungen und Mädchen spielen genauso gerne am Computer.
>
> Mädchen treiben lieber Sport, als das Handy zu benutzen.

3 Erstellt ein Freizeit-Diagramm für eure Klasse.
Schreibt Freizeitaktivitäten untereinander auf ein Plakat.
Jedes Kind bekommt drei Klebepunkte und
klebt sie an seine drei Lieblingsbeschäftigungen.

Freunde treffen   draußen spielen   Fernsehen

Konsolenspiele   Sport   Internet

drinnen spielen   Bücher lesen

Freunde treffen • • • • • • •
Draußen spielen • • • • • • • •
Fernsehen • • • • • • •
Konsolenspiele • • • •
Sport • • • •
Internet • • • • •
Drinnen spielen • • • • •
Bücher lesen • • • •

einem Diagramm Informationen entnehmen; eine Umfrage machen; eigene Meinung äußern und zu anderen Meinungen Stellung nehmen

Texte verfassen S. 144

57

Werbewörter und Werbesprüche

(1) Erzählt zu den Bildern. Wie wird auf die Produkte aufmerksam gemacht? Welche Informationen erhaltet ihr?

My-Watch
Trendige Uhren für coole Kids

Riesenauswahl an aktuellen Trends
knallbunt und wasserdicht
coole Modelle mit tollen Motiven

Superboy
für echte Helden

Sugar
für mutige Mädchen

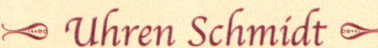

Uhren Schmidt

Wir führen eine Vielzahl hochwertiger Kinderuhren in verschiedenen Farben mit lustigen Motiven. Die Uhren sind wasserdicht, haben ein Ziffernblatt mit arabischen Ziffern und Leuchtzeiger.

Mit Geschenkbox, 2 Jahre Garantie

Coole Bikes & Waveboards

Wir haben alles für den Funsport!

Saftig, spritzig, superfrisch: Fruchti, der Sommerdrink, der dich zum Star macht!

(2) Sammelt Werbewörter und Werbesprüche, die ihr in eurer Umgebung oder in Zeitschriften entdeckt. Gestaltet eine Werbecollage.

(3) In Werbetexten werden viele Adjektive und oft englische Wörter benutzt. Untersuche die Werbetexte aus Aufgabe 1 und eure gesammelten Werbungen. Schreibe die Adjektive und die englischen Wörter auf:
Adjektive: aktuell, …   englische Wörter: watch, …

Mit diesem Knochen bin ich ein echter Superheld!

(4) Wähle gemeinsam mit einem Partnerkind einen Gegenstand aus. Erfindet einen Werbespruch dafür. Verwendet möglichst viele Werbewörter.

(5) Stellt eure Werbung der Klasse vor und lasst euch Rückmeldung geben.

Besonderheiten von Werbeanzeigen untersuchen; typische Werbewörter (z.B. aus dem Englischen) sammeln; Werbung und Information unterscheiden; eine eigene Werbung entwerfen

Adjektive mit Wortbausteinen

1 Mit welchen Adjektiven kann man für welches Produkt werben?
Ordnet gemeinsam zu. Manche könnt ihr mehrmals verwenden.

fantastisch • sportlich
knallig • grenzenlos
vergnüglich • lautlos
praktisch • auffällig
magisch • modisch
nützlich • schwerelos
unempfindlich • farbig
kuschlig • mühelos

2 Ordne die Adjektive nach ihren Wortbausteinen:
-isch: fantastisch   -lich: …
-ig: …   -los: …

Wer findet
das beste Werbewort
für mich?

3 Verwandle die Nomen in Adjektive mit Wortbausteinen:
ängstlich, …

Angst	Fleiß	Automat	Erfolg	-lich
Ende	Kraft	Sturm	Herz	-ig
Herr	Schmutz	England	Zahl	-isch
Sport	Neugier	Kritik	Zahn	-los

4 Mit einem Klappbüchlein kannst du
witzige Werbewörter erfinden.

extremschokozart

| extrem, super, ultra, mega, … | turbo, multi, giga, schoko, … | cool, zart, weich, frisch, … |

extrem
schoko
zart

aus einer Wörtersammlung Adjektive auswählen und Werbeprodukten zuordnen; Schreibhilfen für eigene Werbesprüche nutzen;
Adjektive mit den Wortbausteinen -lich, -ig, -isch, -los bilden

59

Kleine Merkwörter

1 Lest den Text. Setzt dabei die richtigen Wörter ein.

Jeden Tag, bevor/obwohl Frau Müller zum Einkaufen geht,
vergleicht sie die Angebote in den Zeitungen. Sie kauft
häufig irgendwelche Dinge, damit/wenn sie gerade im
Sonderangebot sind. Später ärgert sie sich dass/dann.
Sie nimmt sich vor, dass/ob sie in Zukunft nur Sachen
in den Wagen legt, die sie wirklich braucht.
Trotzdem/Obwohl hat sie in der vergangenen Woche
Katzenfutter gekauft, damit/obwohl sie keine Katze hat.
Frau Müller will ihre Freundin fragen, ob/wenn sie mit ihr
zum Einkaufen gehen kann, damit/dann nichts Unnötiges
im Wagen landet.

2 Schreibe den Text mit den passenden Wörtern ab.
Unterstreiche die eingesetzten Wörter: Jeden Tag, bevor ...

3 Finde zu den Satzanfängen die passenden Satzteile.
Schreibe die Sätze auf.

Die Jeans ist teurer,	obwohl sie müde ist.
Max hofft trotzdem,	ob der Film wirklich so toll ist.
Lotte kann nicht einschlafen,	als Max gedacht hat.
Sie überlegt,	denn sie fährt mit Mama einkaufen.
Jamal geht mit ins Kino,	dass sie ihm passt.
Er ist gespannt,	damit sie nichts vergisst.
Heute steht Hanne früh auf,	ob sie noch ein bisschen liest.
Sie schreibt eine Einkaufsliste,	obwohl er lernen muss.

4 Suche dir zwei Wörter aus. Schreibe mit jedem Wort einen Satz auf.

obwohl   deshalb   wenn   trotzdem   bevor   damit   ob

Lückentext: nach semantischen Kriterien das richtige
Merkwort auswählen; passende Satzteile finden

Hier üben wir

1 Übe den Text: oder 🗑 oder 👫 oder 🏃 .

Werbung	die Werbung
	das Radio
Werbung begegnet uns täglich und überall. Im Radio,	das Fernsehen
im Fernsehen, in Zeitschriften, in Prospekten, auf Plakaten	das Produkt
und im Internet werden Produkte angepriesen.	das Internet
Die Werbung soll uns aufmerksam machen und uns von	die Vorteile
den Vorteilen eines Produktes überzeugen. Deshalb werden	das Adjektiv
in der Werbesprache viele Adjektive und englische Wörter	der Einfluss
verwendet. Die Werbemacher wollen erreichen, dass wir	begegnen
ein Produkt kennen und kaufen. Die Kinder der 4a haben	anpreisen
über ihre Wünsche gesprochen und überlegt, ob die	erreichen
Werbung in den Medien großen Einfluss auf ihre Wünsche	täglich
hat. Einige Kinder sagen, dass sie selbst oft Dinge haben	überall
möchten, die sie aus der Werbung kennen.	deshalb
	selbst
	viele

🪀 Manche Kinder kennen auch viele Werbemelodien
und Werbesprüche.

2 Ⓜ Setze ein passendes Bindewort ein: Werbung wird …

Werbung wird gemacht,   wir Produkte kaufen. Viele   obwohl/damit↘
Kinder kennen Werbesprüche,   sie Fernsehen gucken.   ob/weil ˋ
Werbung enthält viele Adjektive,   diese machen uns   denn/bevor ·
neugierig. Einige Kinder sagen,   Werbung sie beeinflusst.   dass/trotzdem ·
Werbung soll auffallen,   enthält sie viele Bilder.   wenn/deshalb

3 Bilde aus den Nomen Adjektive mit Wortbausteinen: himmlisch, …

-isch   -ig   -los   -lich

Himmel • Wunsch • Farbe • Tag • Italien • Mut
Hand • Gefahr • Geruch • Spur • Riese • Mode

📖 Was hast du in diesem Kapitel gelernt? Du kannst zum Beispiel
eine Liste mit deinen Merkwörtern anlegen.

Übungswörter einzeln und im Textzusammenhang üben;
passende Merkwörter einsetzen; Adjektive mit den Wortbausteinen -lich, -ig, -isch, -los bilden

Arbeitstechniken   S. 78–81   **61**

Medien

Klassenzeitung der Klasse 4b

Grundschule am Sandberg

① Beschreibt, welche Tätigkeiten die Kinder bei der Erstellung der Klassenzeitung ausüben.

② Wie lange dauert die Arbeit an der Klassenzeitung? Welche Aufgaben müssen verteilt werden? Begründet eure Meinung.

③ Überlegt, welche Themen ihr in eure Klassenzeitung aufnehmen wollt.
Oder: Bringt andere Klassenzeitungen mit, um euch Ideen zu holen.

> Das Kind mit dem Stirn-band …

> Ich sehe ein Kind, das …

diskutieren: eigene Meinung und Ideen zum Projekt Klassenzeitung einbringen, die Beiträge anderer aufgreifen; eine gemeinsame Planung erarbeiten

Von Ereignissen berichten

1 Lest den Text von Frieda über die Übung mit der Polizei
in der Klassenzeitung. Habt ihr schon etwas Ähnliches erlebt?

> ### Übung mit der Polizei
>
> Vor drei Jahren, als ich noch in der ersten Klasse war, kamen zwei
> Polizisten zu uns in die Klasse. Sie hatten ihre Uniformen an
> und Pistolen und Handschellen dabei. Zuerst dachten wir, dass
> einer von uns verhaftet werden soll. Aber die Polizisten wollten
> mit uns üben, wie wir richtig über den Zebrastreifen gehen.
> Ich durfte ganz vorn laufen und war etwas aufgeregt, ob ich
> wohl alles richtig machen werde. Wir gingen zum Zebrastreifen
> vor der Schule und sollten alle nacheinander über den Zebrastreifen
> gehen. Ich schaute nach links und rechts und wollte losgehen.
> Aber plötzlich kam ein Auto und fuhr einfach über den Zebrastreifen.
> Alle bekamen einen Riesenschreck. Auch der Autofahrer erschrak
> und hielt sofort an. Ein Polizist verwarnte ihn. Wir Kinder fanden das
> spannend, denn jetzt hatten die Polizisten einen richtigen Einsatz.
>
> *Frieda Wolter*

2 Schreibe zu den W-Fragen Stichwörter aus dem Text auf.
Wer?   Was?   Wann?   Wo?   Wie?   Warum?

> Ein Bericht enthält sachliche Angaben:
> *Wer?   Was?   Wann?   Wo?   Wie?   Warum?*
> Er ist immer im Präteritum (1. Vergangenheit) geschrieben.

3 Suche in der Zeitung einen kurzen Bericht. Schneide ihn aus.
Unterstreiche die Angaben zu den W-Fragen.

Schade,
dass ich kein
Polizeihund
bin.

4 Schreibe einen Bericht über ein Ereignis
aus deiner Schulzeit für eure Klassenzeitung.

einen Text auf Orts- und Zeitangaben hin untersuchen; Merkmale der Textsorte Bericht kennenlernen;
einen eigenen Bericht schreiben

Texte verfassen S. 132   63

Ideen zu einem Thema sammeln

1 Die Kinder der Klasse 4b sitzen zusammen und besprechen Fragen zu ihrer Klassenzeitung. Lest die Fragen und erklärt, was die roten Wörter bedeuten.
Sucht euch Hilfe in Lexika oder im Internet.

> Das ist ja eine Redaktionssitzung!

> Reicht es, die Texte nur mit dem Rechtschreibprogramm zu überprüfen?

> In welche Texte wollen wir Bilder einfügen?

> Mit welcher Suchmaschine finde ich am meisten zum Thema Feuerwehr?

> Soll ich die Bilder vom Museum downloaden?

> Wollen wir Werbung in unserer Zeitung haben?

> Wo steht, ob es ein Urheberrecht für die Bilder vom Museum gibt?

2 Leonie und Ben möchten ein Interview mit der Schulleiterin führen. Überlegt gemeinsam, wie man ein Interview vorbereitet und was zu tun ist. Schreibt eure Ideen auf.

3 Führt selbst ein Interview.

über Ideen sprechen; Wortbedeutungen erklären; eine Ideensammlung zu einem Vorhaben anlegen; ein Interview durchführen

Wörter mit -heit, -keit, -ung, -nis

1 Für die Hitliste Unternehmungen haben die Kinder Vorschläge
auf Zettel geschrieben. Was würdest du auf einen Zettel schreiben?

Das beste Erlebnis war die Disco
auf der Klassenfahrt. Die wird
immer in Erinnerung bleiben, weil

In der 3. Klasse hatten wir
die Möglichkeit, einen
Computerführerschein
zu machen.
Meiner Meinung nach war

Die Planung des Sommerfests
war prima. Jede Einzelheit
wurde besprochen.
Wir hatten sogar die Erlaubnis

Im Museum haben wir mit einer
Flüssigkeit experimentiert.
Das war die beste Gelegenheit

Der Besuch im Theater war für mich
eine Besonderheit. Zum ersten Mal

2 Finde in den Texten alle Nomen mit -heit, -keit, -ung und -nis.
Schreibe sie in der Einzahl und in der Mehrzahl auf: das Erlebnis, die ...

3 Bilde Nomen. Achtung: In jeder Reihe passt ein Wort nicht zur Endung:
die Krankheit, ...

krank		sauber		prüfen	
bekannt		erlauben		teilen	
selten	-heit	heiser	-keit	bedienen	-ung
finster		sparsam		verzeihen	
schön		fröhlich		geheim	
klug		flüssig		erklären	

4 Schreibe die „Kuckuckseier" aus Aufgabe 3 mit der passenden Endung auf.
Suche noch weitere Wörter mit dieser Endung: die ...

> Wörter mit **-heit, -keit, -ung** und **-nis** sind Nomen. Sie werden
> großgeschrieben. Man kann sie aus Verben und Adjektiven bilden:
> *krank – die Krank**heit**, gültig – die Gültig**keit**, teilen – die Teil**ung**.*

Bildung von Nomen mit den Wortbausteinen -heit,
-keit, -ung und -nis; Anwendung der Großschreibung
bei abgeleiteten Nomen

Sprache untersuchen **S. 108**

65

Merkwörter mit ß (M)

1 Clara hat einen Bericht über den Weltkindertag geschrieben.
Lest, was sie über den Tag herausgefunden hat und wie er gefeiert wurde.

Welttag der Kinder

Im Jahr 1954 saßen alle Mitglieder der Vereinten Nationen zusammen.
Gemeinsam wollten sie unter anderem die Einführung eines weltweiten
Kindertages beschließen. Die Idee stieß auf breite Zustimmung.
Seitdem wird der Weltkindertag in vielen Staaten regelmäßig gefeiert.
In Deutschland findet er immer am 20. September statt. Wir haben am
Weltkindertag mit vielen Aktionen außerhalb der Schule auf die Lage
der Kinder weltweit aufmerksam gemacht. Schließlich geht es nicht allen
so gut wie uns. Außerdem haben wir uns mit unseren Rechten beschäftigt.
Das Motto lautete diesmal: „Kindern eine Stimme geben." Das finde ich
großartig: Wir Kinder haben nicht nur Pflichten, sondern auch Rechte.
Wir wünschen uns in unserem Viertel zum Beispiel einen Fußballplatz.
Dann könnten wir endlich draußen richtig Fußball spielen. Insgesamt hat
uns der Tag großen Spaß gemacht.

Clara Marten

2 Schreibe alle Wörter mit ß
aus dem Text auf.
Male das ß an: saßen, …

3 Ordne die Wörter nach
Wortfamilien. Finde zu jeder
Wortfamilie mindestens ein
weiteres Wort: fuß: …, groß: …,
maß: …, schließ: …, gruß: …

Fußabdruck • Großstadt • Pferdefuß • Vergrößerung • abschließen
Maßband • erbsengroß • Abschiedsgruß • planmäßig • ausschließlich
Schließfach • Füßchen • Größenordnung • entschließen • Grüße
grußlos • leichtfüßig • anmaßend • Ermäßigung • begrüßenswert

Hier üben wir

1 Übe den Text: oder oder oder .

Das Interview

Letzten Donnerstag hatte Paul die Möglichkeit, mit
der Sportlehrerin ein Interview für die Klassenzeitung
zu führen. Für das Gespräch durfte er sein Handy in
die Schule mitbringen. Eigentlich verstößt das gegen
die Schulordnung, aber er hatte extra eine Erlaubnis
dafür erhalten. Das Handy hat eine Aufnahmefunktion
und Paul wollte die Gelegenheit nutzen und das
Gespräch aufzeichnen. Zuerst lief alles großartig.
Dann aber piepte das Handy: Der Akku war leer und
das Ladegerät lag zu Hause. Paul konnte schließlich
nur drei Fragen stellen und musste außerdem einen
neuen Termin vereinbaren.

 Seitdem prüft Paul regelmäßig den Akkustand,
damit er sein Handy immer benutzen kann.

das Interview
die Zeitung
das Handy
die Erlaubnis
führen
verstoßen
laufen
es lief
liegen
es lag
nutzen
eigentlich
zuerst
großartig
leer
schließlich

2 (M) Finde im Übungstext alle Merkwörter mit ß.
Bilde mit jedem Wort einen eigenen Satz.

Mein Akku ist leer.

3 Schreibe die Sätze auf. Verwende die Endungen -heit, -keit, -ung, -nis: Mit …

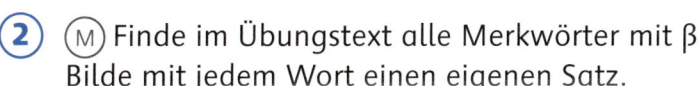
Mit Sicher   kommen nicht alle Artikel in die Klassenzeit   .
Die Mehr   der Kinder möchte eine Abbild   auf jeder Seite.
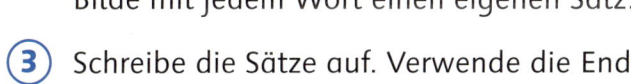
Ausnahmsweise haben die Kinder die Erlaub   zur Handynutz   .
Damit das Ergeb   gut wird, arbeiten alle mit großer Aufmerksam   .

4 Bilde mit den Wörtern Nomen mit -heit oder -keit.
Schreibe sie mit dem bestimmten Artikel auf: Die Krankheit, …

krank   frei   ängstlich   wahr   sicher   aufmerksam   freiwillig   freundlich

L Was hast du in diesem Kapitel gelernt? Du kannst zum Beispiel
Wörter mit -heit, -keit, -ung, -nis sammeln und aufschreiben.

Sommerhitze

① Schau dir die Bilder an. Welche Feste und Veranstaltungen kennst du?

② Die Tage vom 20. bis 24. Juni sind besondere Tage im Sommer. Informiere dich und berichte in der Klasse darüber.

In Schweden …

Mittsommer   Johannistag   Sommersonnenwende   Sommeranfang

③ Findet heraus, in welchen Sprachen das Wort *Sommer* hier steht.
Oder: Übersetzt das Wort *Ferien* in mindestens 6 verschiedene Sprachen.

été   καλοκαίρι (kalokaíri)   yaz   sommar   ljeto

лето (leto)   verano   estate   vară   lato   zomer

funktionsangemessen sprechen: zu Bildern erzählen;
sich über Sommerbräuche und Feste informieren
und austauschen

Texte überarbeiten 2

1 Julian war am Wochenende mit dem Sportverein in einem Zeltlager. In der Schule hat er einen Bericht darüber geschrieben. Lies den Text. Vergleiche die unterstrichenen Wörter mit den Korrekturzeichen. Verbessere die Wörter und schreibe sie richtig auf.

Rechtschreibfehler: R   Zeitfehler: Z   Ausdrucksfehler: A   Wiederholung: W

Wir <u>furen</u> etwa drei Stunden, dann waren wir endlich da.	R
Der Zeltplatz lag mitten im Wald und wir <u>fangen</u> gleich an,	Z
die Zelte aufzubauen. Aber das dauerte viel länger, <u>wie</u> wir	A
gedacht hatten. Es <u>wird</u> schon langsam <u>dunckel</u>. Da sagte	Z R
unser Gruppenleiter: „Wir brauchen unbedingt noch Holz	
für das Lagerfeuer." <u>Da</u> durfte ich mit Mia und Finn losgehen	W
und Holz <u>mitbringen</u>. <u>als</u> wir zurückkamen, brannte das	A R
Lagerfeuer schon.	

2 Schau dir die Kriterien für eine gute Geschichte an. Diskutiere mit anderen Kindern in einer Schreibkonferenz, was Julian in seiner Geschichte nicht beachtet hat.

Wortwiederholungen vermeiden   gleiche Zeitform der Verben verwenden

Rechtschreibung überprüfen   den passenden Ausdruck verwenden

passende Überschrift finden   an Einleitung und Schluss denken

spannenden Höhepunkt gestalten   richtige Reihenfolge der Sätze beachten

treffende Adjektive verwenden   Fehlt etwas?   wörtliche Rede verwenden

Einige Wörter sind falsch geschrieben.

Es gibt zu wenig Adjektive.

…

3 Überarbeite Julians Text. Berücksichtige die Kriterien aus Aufgabe 2.

einfache Korrekturzeichen zur Überarbeitung nutzen; Hinweise zur Überarbeitung entwickeln, beurteilen und umsetzen; Text nach bestimmten Kriterien im Rahmen einer Schreibkonferenz untersuchen

Texte verfassen S. 148   **69**

Ein Gedicht lesen und vortragen

1 Lies das Gedicht. Was fällt dir auf?
Achte in den ersten fünf Strophen auf das erste Wort.

Das Feuer

Hörst du, wie die Flammen flüstern,
knicken, knacken, krachen, knistern,
wie das Feuer rauscht und saust,
brodelt, brutzelt, brennt und braust?

Siehst du, wie die Flammen lecken,
züngeln und die Zunge blecken,
wie das Feuer tanzt und zuckt,
trockne Hölzer schlingt und schluckt?

Riechst du, wie die Flammen rauchen,
brenzlig, brutzlig, brandig schmauchen,
wie das Feuer, rot und schwarz,
duftet, schmeckt nach Pech und Harz?

Fühlst du, wie die Flammen schwärmen,
Glut aushauchen, wohlig wärmen,
wie das Feuer, flackrig wild,
dich in warme Wellen hüllt?

Hörst du, wie es leiser knackt?
Siehst du, wie es matter flackt?
Riechst du, wie der Rauch verzieht?
Fühlst du, wie die Wärme flieht?

Kleiner wird der Feuerbraus:
ein letztes Knistern,
ein feines Flüstern,
ein dünnes Ringeln –
aus.

James Krüss

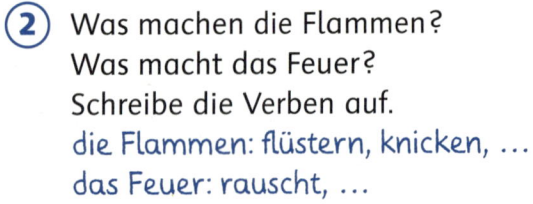

2 Was machen die Flammen?
Was macht das Feuer?
Schreibe die Verben auf.
die Flammen: flüstern, knicken, …
das Feuer: rauscht, …

3 Suche im Gedicht fünf Adjektive: brenzlig, …

4 Suche dir ein anderes Kind zum Partnerlesen. Teilt euch das Gedicht auf.
Übt mehrmals, das Gedicht betont vorzulesen.
Probiert dabei verschiedene Sprechweisen aus:
laut – leise, schneller – langsamer, achtet auf Pausen …

5 Tragt das Gedicht in der Klasse vor und lasst euch Rückmeldungen geben.

ein Gedicht lesen und über sprachliche Mittel sprechen:
lautmalerische Worte und Personalisierung des Feuers;
einen Text sprechend gestalten und vortragen

Wörter und Redewendungen

1 Im Text werden Ausdrücke verwendet, die nicht wörtlich zu verstehen sind.
Lies den Text und setze die Redewendungen an der passenden Stelle ein.

> Feuer und Flamme   fackelt nicht lange
>
> lege ich die Hand ins Feuer   anzufeuern

Bea und Julian sind _____ . An der Schiller-Grundschule
findet heute der Sport-Spiele-Tag statt. Auch einige
Eltern sind gekommen, um ihre Kinder _____ . Frau Groß,
die Sportlehrerin der 4. Klassen, _____ : Schon sind
die Mannschaften eingeteilt und es geht los. Aber nach
zwei Wettbewerben liegt Julians Mannschaft bereits einige Punkte zurück.
Hat die Mannschaft von Bea sich an die Regeln gehalten oder etwa
geschummelt? „Für meine Klasse _____ ", sagt der Klassenlehrer, Herr Hansen.

2 Sucht gemeinsam für die vier Redewendungen ein
anderes Wort oder einen anderen passenden Ausdruck:
sind Feuer und Flamme – sind begeistert, …

> Redewendungen
> sind bildhafte
> Ausdrücke.

3 Vergleiche die englischen Redewendungen mit
den deutschen und finde die passende Bedeutung.

to add fuel to the fire	Öl ins Feuer gießen
You are playing with fire.	Du spielst mit dem Feuer.
A burnt child fears the fire.	Ein gebranntes Kind scheut das Feuer.

• leichtsinnig sein • einen Streit weiter anheizen • besonders vorsichtig sein

4 Diese Redewendungen sind in verschiedenen Dialekten geschrieben.
Was bedeuten sie? Kennt ihr noch andere mundartliche Redewendungen?

Do kannst mir dä Puckel erafrötsche. *(Kölsch)*	Et wört niks su heet jeäte, wi et jekokt wört. *(Niederdeutsch)*	Des isch doch Wassr en Bach draga! *(Schwäbisch)*
Du kannst mir den Buckel runterrutschen.	*Es wird nichts so heiß gegessen, wie es gekocht wird.*	*Das ist doch Wasser in den Bach tragen.*

Redewendungen vom Feuer in Text und Bild erklären;
englische und deutsche Redewendungen vergleichen;
Redewendungen in Mundart lesen und erklären

Sprache untersuchen S. 124   71

Strategien anwenden 3

① Lies den Text. Ergänze in den Lückenwörtern **ä** oder **äu**.

Gestern musste die Feuerwehr ausrücken, um zwei
Schilfbr___nde am Ufer eines Baggersees zu löschen.
16 Feuerwehrm___nner mit zwei Löschfahrzeugen waren
im Einsatz. In wenigen Minuten war das Feuer gelöscht.
Allerdings konnte die Brandursache bis jetzt noch nicht
gekl___rt werden.

„Im Moment reicht eine Zigarettenkippe, um das Schilf
zu entzünden", so der Kommandant der örtlichen Feuerwehr.
„Das Feuer kann dann schnell auf Str___cher und B___me
in der N___he übergreifen." Er r___t daher zu erhöhter Vorsicht.

② Schreibe die Lückenwörter aus Aufgabe 1 mit ihrer Ableitung auf.
 Schilfbrand – Schilfbrände, …

③ Bilde Wörter der Wortfamilie **Mann**: Schneemann, …

Schnee • See • Steuer	MANN	chen • lich
Heinzel • Ehe • Zimmer	MÄNN	schaft
Kauf • Traum • Sand		lein • er

④ Schreibe zuerst die Verlängerungswörter mit ihrer Verlängerung
und danach die Merkwörter auf:
 musste – müssen, …
 …

Feuerwehr   konnte

musste   Einsatz

Baggersee

erhöht   schnell

jetzt

Wörter mit eu, ä und äu üben; Rechtschreibhilfen
für die Schreibung mit Umlaut erproben; Wörter
einer Wortfamilie bilden

Hier üben wir

(1) Übe den Text: oder oder  oder .

der Brand
die Gefahr
die Feuerwehr
der Mittag
der Waldrand
die Höhe
    steigen
    er stieg
    greifen
    es griff
    knacken
    qualmen
    packen
    traurig
    mehr
    letzte

Es brennt

Im Sommer ist die Gefahr von Waldbränden durch die
Wärme sehr hoch. Seit zehn Wochen hat es nicht mehr
geregnet. Die Feuertürme sind täglich mit Wächtern
besetzt und die Feuerwehrmänner stehen bereit.
Gestern Mittag gab es Feueralarm. Am Waldrand stand
die Böschung in Flammen. Schnell rückten die Wagen aus
und fuhren zum Brandherd. Dunkler Rauch stieg in die
Höhe. Schon griff das Feuer auf Bäume und Sträucher über.
Funken sprühten und das brennende Holz knackte und
knisterte. Das Wasser klatschte nur so auf die Flammen.
Nach zwei Stunden war der Brand gelöscht.
Die Feuerwehrleute kontrollierten die ganze Nacht
die Brandstelle.

 Erst am Morgen, als keine Stelle mehr qualmt, packen
sie die letzten Geräte ein. Die Reste der Bäume ragen
traurig in den Himmel.

(2) Finde im Übungstext mindestens sieben Merkwörter.
Ⓜ Schreibe sie auf: Gefahr, …

(3) Finde im Übungstext mindestens fünf Wörter, die du ableiten kannst.
⚡ Schreibe die Wortpaare auf: Waldbrände – Waldbrand, …

(4) Finde zu diesen Wörtern eine passende Verlängerung:
↪ täglich – Tage, …

täglich   Waldrand   Böschung   schnell   Brand   traurig

Ⓛ Was hast du in diesem Kapitel gelernt? Du kannst zum Beispiel
weitere Redewendungen sammeln und ihre Bedeutung erklären.

Übungswörter einzeln und im Textzusammenhang üben;
Wörter den verschiedenen Rechtschreibstrategien zuordnen
    Arbeitstechniken   S. 78–81   73

Ich liebe Bücher

Willkommen zum Leseabend

16.30 Uhr, Raum 1.3:
Frau Kaiser

17 Uhr, Musikraum:
Herr Sabeti

17.30 Uhr, Raum 2.3:
Frau Stephan

16.30 Uhr, Raum 1.5:
Frau Eschmann

17 Uhr, Raum 1.3:
Frau Jankowicz

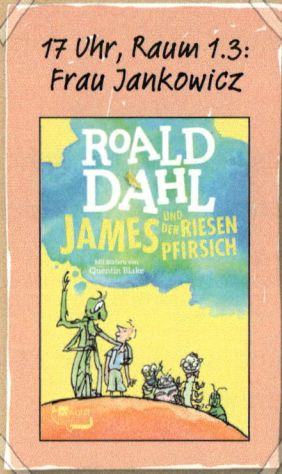

17.30 Uhr, Raum 2.1:
Herr Lemke

① Zu welcher Lesung würdest du gerne gehen? Begründe.

② Was hilft dir, wenn du ein Buch auswählen möchtest?

| Bilder | Klappentext | Autor/Autorin | Empfehlung | Titel | Umfang |

③ Welche Bücher, die du in letzter Zeit gelesen hast,
würdest du jemandem vorlesen wollen? Begründe.
Oder: Organisiert eine Vorleseaktion für Klasse 1.

> Ich achte als Erstes auf ...

Vermutungen zu Buchinhalten äußern und über
Faktoren bei der Buchauswahl sprechen

Zusammenfassungen

(1) Sammelt Informationen über Sabine Ludwig und ihre Bücher.
Fasst die Informationen an der Tafel oder auf einem Plakat zusammen.

> im Internet   in der Bücherei   beim Verlag   in der Buchhandlung

(2) Fasse die Angaben zu einem Buch auf einem Kärtchen zusammen.
Aus euren Buchempfehlungen kann eine Lesekartei entstehen.

> **Titel:** Klassentreffen bei Miss Braitwhistle
> **Autorin:** Sabine Ludwig
> **Illustrationen:** Susanne Göhlich
> **Verlag:** Dressler Verlag 2015
> **Seiten:** 189
> **Informationen im Internet:**
> http://sabine-ludwig-berlin.de/

(3) Lies die Lesetagebuchseite zu „Klassentreffen bei Miss Braitwhistle".
Schreibe ein eigenes Lesetagebuch zu einem Buch deiner Wahl.

Montag, 4. April
Seit Franz und Aki in der 5. Klasse sind, gehen sie auf unterschiedliche Schulen und haben wenig Zeit, sich zu treffen. Als einmal beide gleichzeitig schulfrei haben, verabreden sie sich vormittags. Sie schlendern durch die Gegend und landen in ihrer alten Schule. Dort treffen sie Henni, die sitzengeblieben war.

Gemeinsam beschließen sie, ein Klassentreffen der alten 4a zu veranstalten. Doch wer soll alles eingeladen werden – auch die Lehrer? Miss Braitwhistle würden sie allerdings sehr gerne wiedersehen.
Ich finde ein Klassentreffen ist eine tolle Idee. Es ist doch spannend, wenn man sich nach ein paar Monaten wieder mal sieht.

Informationen zu einem Autor/einer Autorin
und zum Buch sammeln und zusammenfassen;
ein Lesetagebuch schreiben

Texte verfassen   S. 142   75

Einen Textabschnitt wählen

(1) Wie muss ein Textabschnitt sein, der Zuhörer auf das Buch neugierig macht? Überlegt gemeinsam.

(2) Lies die drei Textabschnitte. Wähle einen aus, der deiner Meinung nach andere Kinder neugierig macht. Begründe deine Wahl.
Oder: Suche selbst im Buch einen geeigneten Textabschnitt.

Plötzlich gab es ein fürchterliches Sausen wie von einem starken Wind, die Weihnachtskarten auf dem Kaminsims sind umgefallen und das Feuer ist ausgegangen. Dann rumpelte es im Kamin und es erschienen zwei schwarze Stiefel. In den Stiefeln steckte jemand, denn man hörte ihn sagen: „I'm stuck! Damn it, what a bummer!" Wir haben es nicht verstanden, aber es klang wie „Himmel, Arsch und Zwirn!", nur auf Englisch.
„Das ist der Weihnachtsmann!", hat Pauline gerufen und an dem einen Stiefel gezogen. „Der hat Geschenke dabei!", hat Max gerufen und am anderen Stiefel gezerrt.

„Du bist ja vielleicht ein Angsthase", sagte Pauline spöttisch.
„Wusste gar nicht, dass du so schnell schwimmen kannst",
meinte Max. „Als wäre der Teufel hinter dir her", sagte Annalisa.
„Der Teufel nicht, aber ein Hai!", stieß ich hervor. Und dann fingen alle an zu lachen. Sogar Aki hat gelacht. Ich habe mich umgedreht.
Der Hai kam geradewegs auf mich zu. Auf zwei Beinen.
„Tut mir leid, ich wollte euch nicht erschrecken", hat der Hai gesagt, der natürlich gar kein Hai war, sondern ein Junge mit einer schwarzen Haiflosse auf dem Rücken.

Und dann hörte ich einen Schrei. Einen hohen Schrei, der mir das Blut in den Adern gefrieren ließ. Gleich darauf ertönten tiefes Brummen und schrilles Wiehern. Wo waren wir? Auf einem Pferdehof? In der Geisterbahn? In einer Pferdegeisterbahn? Es war stockdunkel. Und trotzdem hatte ich das Gefühl, von tausend Augen beobachtet zu werden.

Sabine Ludwig
Aus: Klassentreffen
bei Miss Braitwhistle

(3) Übe, deinen Textauszug gut vorzulesen.

Ein Buch vorstellen

(1) Überlegt, wie ihr eure Buchvorstellung organisieren wollt.
Macht einen Plan, wer wann welches Buch vorstellt.

(2) Fertige ein Informationsplakat zu deinem Buch an oder
gestalte zum Beispiel ein Lapbook oder eine Leserolle.

(3) Bereite deine Buchvorstellung vor:
- Buch auswählen, für eine Präsentationsform entscheiden
- wichtige Informationen aufschreiben (Titel, Autor/Autorin, Verlag ...)
- kurze Zusammenfassung des Inhalts notieren, dabei das Ende nicht verraten
- Begründung, warum du das Buch weiterempfehlen möchtest
- spannende Textstelle auswählen und Vortrag üben

(4) Überlege dir etwas Besonderes, womit du deine Buchvorstellung
noch interessanter gestalten kannst.

Vergrößere Illustrationen aus dem Buch und hänge sie auf.	Stelle Seiten aus deinem Lesetagebuch aus.
Richte eine Leseecke mit Büchern des Autors oder der Autorin ein.	Überlege dir ein Rätsel oder ein kleines Quiz zu deiner Buchvorstellung.
Besorge ein Hörbuch und organisiere eine Vorführung.	Bringe Dinge mit, die im Buch erwähnt werden, z. B. Zuckerwürfel, eine Haarspange ...

(5) Wenn du dein Buch in der Klasse vorgestellt hast,
lasse dir anschließend Rückmeldung zu deinem Vortrag geben.

Applaus, Applaus!

Diskutieren

Bestimmt ein oder zwei Kinder,
die die Gesprächsleitung übernehmen.

Sie erteilen das Wort in der Reihenfolge
der Meldungen.

Sie achten darauf,
dass alle beim Thema bleiben.

Sie lassen abstimmen,
wenn ihr euch nicht einig seid.

So könnt ihr üben:
• eine Themenliste anlegen
• ein Kreisgespräch führen,
  dabei ein Redekissen zuwerfen

Im Internet suchen

Nutze für deine Recherche im Internet eine Suchmaschine für Kinder und Jugendliche.

Besprich mit deiner Lehrerin oder deinem Lehrer, welche Suchmaschine du verwenden sollst.

Im Suchfeld deiner Suchmaschine gibst du ein, zu welchem Thema du Informationen finden möchtest.

Achte auf die richtige Schreibweise deines Suchbegriffs.

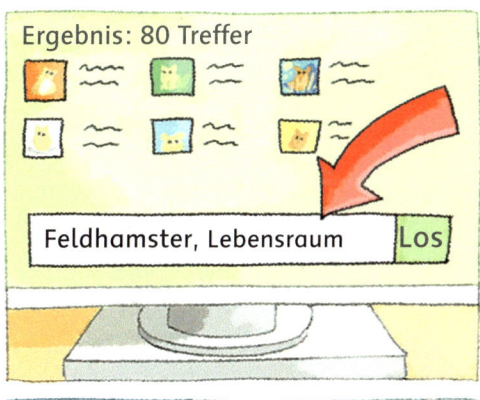

Manchmal ist die Ergebnisliste sehr lang und ungenau. Dann ergänzt du im Suchfeld weitere Stichwörter, die zu deinem Thema passen, und suchst noch einmal.

Ganze Sätze oder Fragen solltest du vermeiden, sie führen zu keinem Ergebnis.

Wähle einen Beitrag aus der Ergebnisliste aus. Lies den Beitrag durch und notiere wichtige Informationen. Achtung: Nicht alles, was im Internet steht, ist richtig.

Wenn der Beitrag keine passenden oder nicht alle Informationen enthält, suche erneut mit der Suchmaschine.

Der Freschkreis

So kannst du Wörter und Texte richtig schreiben:

Die meisten Wörter sind lautgetreu.

Über das Schwingen
kannst du sie richtig schreiben.

Sprich die Wörter deutlich in Silben.
Achte auf Doppelkonsonanten,
auf tz oder ck und die Wörter mit ie.

Verlängern hilft dir, wenn du nicht weißt,
wie ein Wort am Wortende oder am
Wortstammende geschrieben wird.
Auch Wörter mit Doppelkonsonanten,
tz und ck findest du über diese Strategie.

Viele Wörter mit ä/äu haben
verwandte Wörter mit a/au.
Über Ableitungen findest du
die richtige Schreibweise.

Achtung: Einige Wörter mit ä/äu musst du
dir gut merken, weil sie keine Ableitung
haben, z. B. **Käse** oder **Mädchen**.

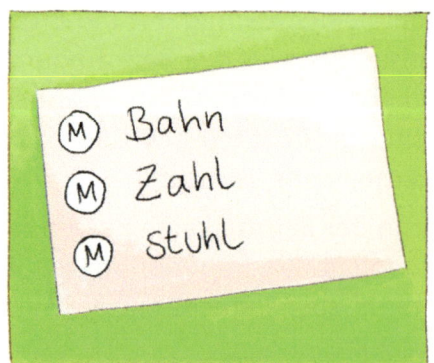

Merkwörter musst du sehr gut trainieren
und auswendig schreiben können.
Hierzu gehören die Wörter mit v, mit ß
oder mit einem stummen h.

Nachschlagen im Wörterbuch

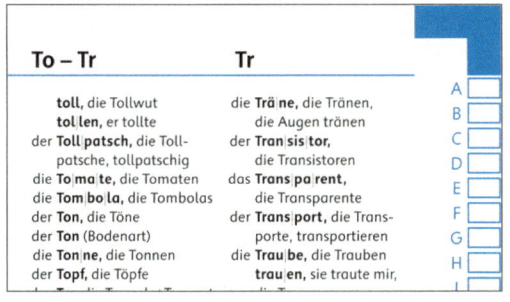

To – Tr	Tr	
toll, die Tollwut	die Trä|ne, die Tränen,	A
toll|len, er tollte	die Augen tränen	B
der Toll|patsch, die Toll-	der Tran|sis|tor,	C
patsche, tollpatschig	die Transistoren	D
die To|ma|te, die Tomaten	das Trans|pa|rent,	E
die Tom|bo|la, die Tombolas	die Transparente	F
der Ton, die Töne	der Trans|port, die Trans-	G
der Ton (Bodenart)	porte, transportieren	H
die Ton|ne, die Tonnen	die Trau|be, die Trauben	I
der Topf, die Töpfe	trau|en, sie traute mir,	

Die Buchstaben oben auf der Seite sind Leitbuchstaben.
Die fett gedruckten Wörter sind Hauptstichwörter.
Die anderen Wörter sind Nebenstichwörter.

Wörtersammlung

■ **Auto** (vergleiche auch: ■ Fußgänger, Fahrrad)

▪ Auto, Wagen, Fahrzeug S. 227, Personenkraftwagen (Pkw), Lastkraftwagen (Lkw), Krankenwagen, Tankwagen, Taxi, Autobus, Omnibus, Bus, Transporter
▪ Garage, Parkplatz, Parkuhr, Parkhaus
▪ Motor, Bremse, Getriebe, Reifen, Kofferraum, Auspuff, Rückspiegel, Blinker, Fahrersitz, Beifahrersitz, Sicherheits- gurt, Rücksitz, Gangschaltung, Automatik, Anlasser, Zündschlüssel, Gas, Lenkrad, Stoßstange, Fernlicht, Standlicht, Abblendlicht, Rücklicht

In vielen Wörterbüchern gibt es Wörtersammlungen zu einzelnen Themen, wie „Auto" oder „Schule".

Wortfelder

■ **sprechen**
sprechen Stefan **spricht** unverständlich.
sagen **Sag** ihm bitte etwas Freundliches.
reden Herr Meier **redet** ununterbrochen.
erwähnen Im Brief an seine Großeltern **erwähnt** Klaus sein neues Fahrrad nur nebenbei.
plappern Das Kleinkind **plappert** vor sich hin.
sich unterhalten Sie **unterhalten sich** übers Fernsehen.
meinen Claudia **meint**: „Ich spiele nicht mit."

Oft sind bestimmte Wortfelder aufgeführt, zum Beispiel „sprechen" oder „gehen".

Wortfamilien

■ **fahren**
die **Ausflugsfahrt**
Der Weg ist **befahrbar**.
eine **befahrene** Straße
die **Fahrbahn**
das **Fahrzeug**
der **Autofahrer**
Wer **vorher fahren** darf, hat **Vorfahrt**.

ebenfalls
Die Miete ist **fällig**.
die **Mausefalle**
Tu mir den **Gefallen**!
Halte **gefälligst** den Mund!
Beifall klatschen
Der Kranke hat einen **Rückfall**.
Der Kranke hat **Durchfall**.

Manchmal sind auch Wortfamilien aufgeführt.

Bild-Wort-Lexikon

Zoo animals:

lion bear elephant
horse hippo monkey

Oft findest du auch Wörter in anderen Sprachen.

1 Finde zu den Verlängerungen die passenden Wörter im Text.
Schreibe die Wortpaare: rissen – riss, ...

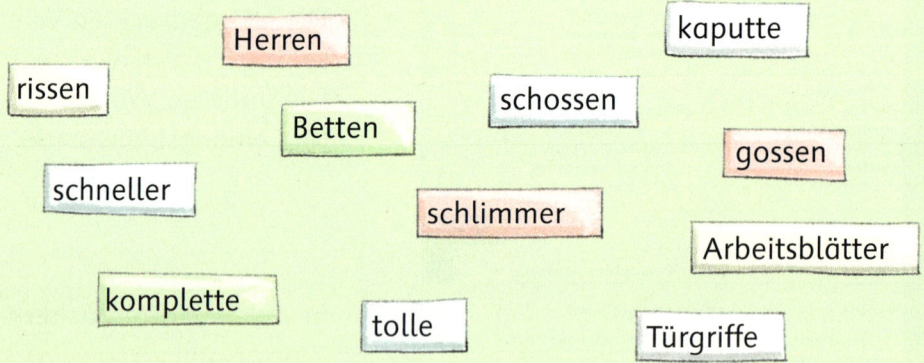

rissen

Herren

kaputte

schossen

Betten

gossen

schneller

schlimmer

Arbeitsblätter

komplette

tolle

Türgriffe

Gestern lief alles schief. Es war wie verhext.
Weil mein Wecker kaputt war, blieb ich zu lange im Bett.
In der Küche goss ich mir ein Glas Saft ein, schwups,
kippte ich das Glas über meine Hose. „Toll! Jetzt kannst du
dich komplett umziehen", schimpfte ich. Schnell radelte ich los.
Unterwegs fiel mir ein, dass mein Arbeitsblatt noch
auf dem Schreibtisch lag.
„Das wird Ärger geben!", schoss es mir durch den Kopf.
In der Schule angekommen, blieb ich mit meinem Ärmel
am Türgriff hängen und riss ein Loch in meinen neuen Pulli.
Mit hochrotem Kopf und den Tränen nahe stand ich
schließlich vor meinem Lehrer. Tröstend sagte Herr Müller:
„Das ist doch alles halb so schlimm!"
Erleichtert lief ich an meinen Platz.

2 Trenne die zusammengesetzten Adjektive.
Beachte die Wortart der neuen Wörter:
taghell: der Tag, hell, ...

taghell   pfeilschnell   spiegelglatt   hauchdünn   strohdumm
pudelnass   spindeldürr   blitzschnell   leichenblass   mucksmäuschenstill

③ Schreibe die abgebildeten Nomen mit den passenden Adjektiven auf:
die dünnen Arme, …

dünn • glatt • kaputt • schlimm • schlapp • satt • krumm • straff

④ Welche Wörter schreibst du mit Doppelkonsonanten?
Überprüfe die Schreibweise durch die Verlängerung.
Griffe – Griff, …

Gri ${}_{ff}^{f}$ Fa ${}_{ll}^{l}$ Hu ${}_{tt}^{t}$ Be ${}_{tt}^{t}$ Schwa ${}_{nn}^{n}$ Gra ${}_{ss}^{s}$

Bi ${}_{ss}^{s}$ Ru ${}_{ff}^{f}$ Nu ${}_{ll}^{l}$ Sta ${}_{mm}^{m}$ Bro ${}_{tt}^{t}$ Ri ${}_{ss}^{s}$

⑤ Bilde zur Gegenwartsform die Vergangenheitsformen
mit **wir** und **er**: schießen, wir schossen, er schoss, …

schießen   schließen   pfeifen   reißen
beißen   greifen   gießen   schwimmen

⑥ Sprich die Wörter deutlich.
Schreibe zu jedem Wort einen Satz.

schief – Schiff   Beet – Bett   Herr – Heer

Verlängern: Doppelkonsonant am Wortstammende

1 Schreibe den Text mit den richtigen Personalformen auf.
Male in jeder Personalform den Doppelkonsonanten an:
Tim soll …

> sollen passen wollen lassen kennen
> fallen stellen raffen kommen essen

Tim ⬚ die Spülmaschine ausräumen.
Doch das ⬚ ihm gerade nicht.
Er ⬚ nämlich fernsehen.
Seine Mutter ⬚ aber nicht locker.
Sie ⬚ ihren Sohn zu gut:
Nachher ⬚ ihm eine andere Ausrede ein.
Deshalb ⬚ sie sich vor den Fernseher.
Nach wenigen Minuten ⬚ sich Tim
genervt auf und ⬚ seinen Pflichten nach.
Dafür ⬚ er später ein großes Eis.

2 Schreibe die Verben in allen Personalformen auf.
Achte auf die Konsonantenverdoppelung im Wortstamm:
ich esse
du isst
er isst
wir …
ihr …
sie (alle) …

> essen • sammeln
> treffen • müssen
> vergessen • schummeln

3 Zerlege die zusammengesetzten Nomen.
Finde zu dem vorderen Teil ein passendes Verb:
Wettkampf: wetten, der Kampf, …

Wettkampf   Stoppschild   Kennzeichen

Messbecher   Schwimmbad   Treffpunkt

Klappmesser   Abstellraum   Rennpferd

Wo ist mein Fressnapf?

(4) Schreibe die zusammengesetzten Wörter richtig auf.
Trenne sie und verlängere die Einzelwörter:
Brennball: brennen, Bälle, …

Brellbann   Schwittbremm   Schnessimbill
Fluttbess   Schnassschupp   Drissklättler

(5) Schreibe die Wörter zu den Abbildungen auf: 1. …

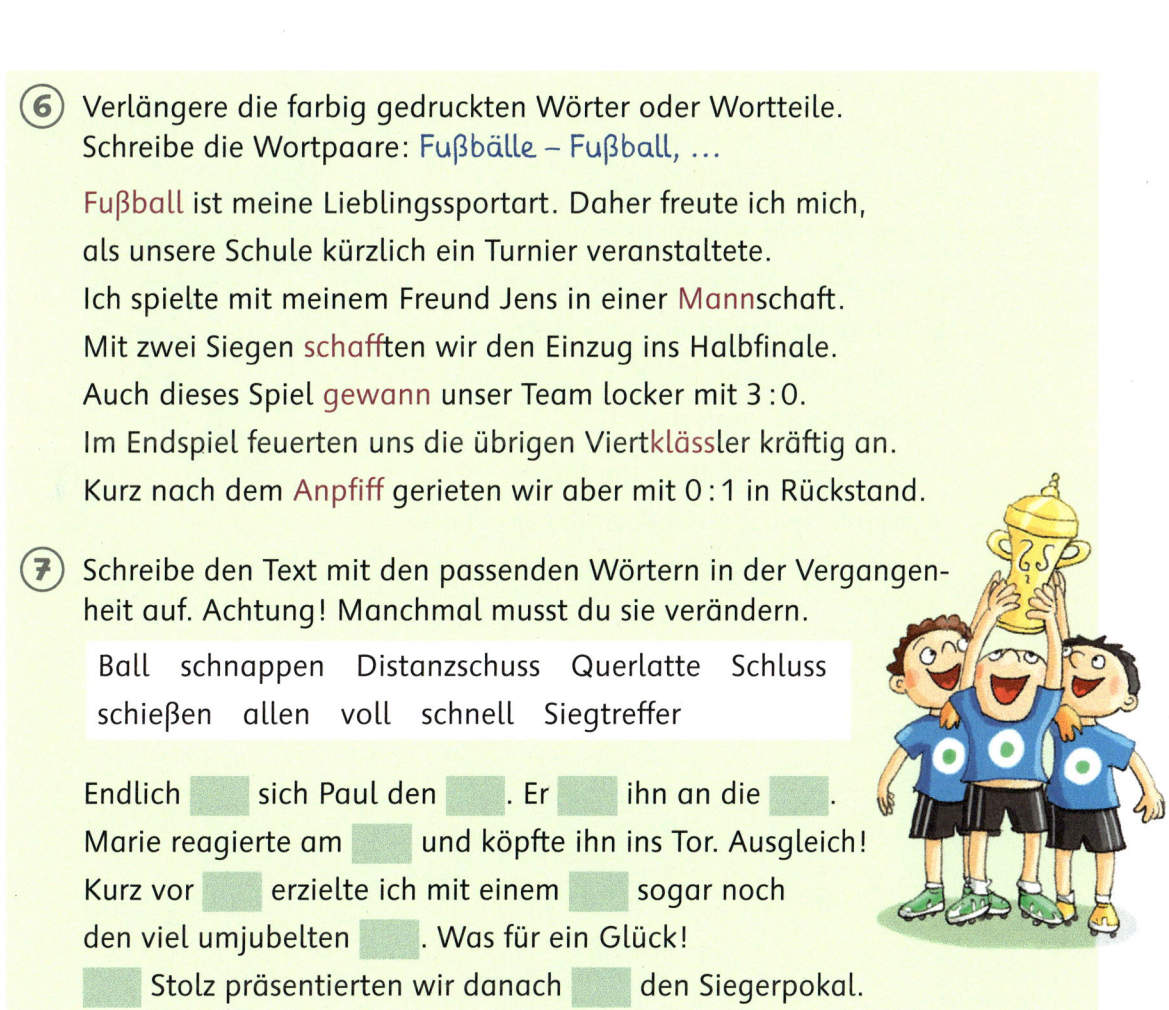

(6) Verlängere die farbig gedruckten Wörter oder Wortteile.
Schreibe die Wortpaare: Fußbälle – Fußball, …

Fußball ist meine Lieblingssportart. Daher freute ich mich,
als unsere Schule kürzlich ein Turnier veranstaltete.
Ich spielte mit meinem Freund Jens in einer Mannschaft.
Mit zwei Siegen schafften wir den Einzug ins Halbfinale.
Auch dieses Spiel gewann unser Team locker mit 3 : 0.
Im Endspiel feuerten uns die übrigen Viertklässler kräftig an.
Kurz nach dem Anpfiff gerieten wir aber mit 0 : 1 in Rückstand.

(7) Schreibe den Text mit den passenden Wörtern in der Vergangenheit auf. Achtung! Manchmal musst du sie verändern.

Ball   schnappen   Distanzschuss   Querlatte   Schluss
schießen   allen   voll   schnell   Siegtreffer

Endlich   sich Paul den   . Er   ihn an die   .
Marie reagierte am   und köpfte ihn ins Tor. Ausgleich!
Kurz vor   erzielte ich mit einem   sogar noch
den viel umjubelten   . Was für ein Glück!
   Stolz präsentierten wir danach   den Siegerpokal.

Verlängern: ck und tz am Wortende

1 Finde zu jeder Verlängerung das passende Wort im Text:
Schreibe die Wortpaare: Netze – Netz, ...

Netze   Fensterschlitze   schmücken

Verstecke   locken   drücken   Puppenbestecke

Eine Frau hatte den Verlust
ihrer wertvollen Ohrringe angezeigt,
die auf dem Nachttisch lagen.
Der Polizei war es ein Rätsel,
wie der Dieb durch den schmalen
Fensterschlitz gelangen konnte.
Unter Hochdruck machte sie sich
an die Arbeit.
Als wenige Tage später
auch noch ein Ring fehlte,
setzte die Polizei ein Lockmittel ein.
Tatsächlich! Nur kurze Zeit danach
zappelte der Langfinger im Netz.
Es war eine Elster, die mit dem Gesetz
in Konflikt geraten war.
In ihrem Versteck fand die Polizei
nicht nur den Schmuck wieder, sondern
auch noch ein winziges Puppenbesteck.

2 Verlängere die Wörter.
Schreibe die Wortpaare auf:
dreckig – Dreck, ...

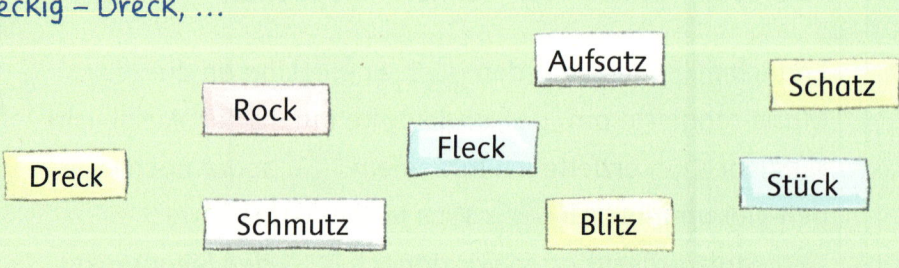

Aufsatz

Schatz

Rock

Fleck

Dreck

Stück

Schmutz

Blitz

③ Bilde Wörter mit dem Wortstamm glück.
Unterstreiche den Wortstamm: glücklich, ...

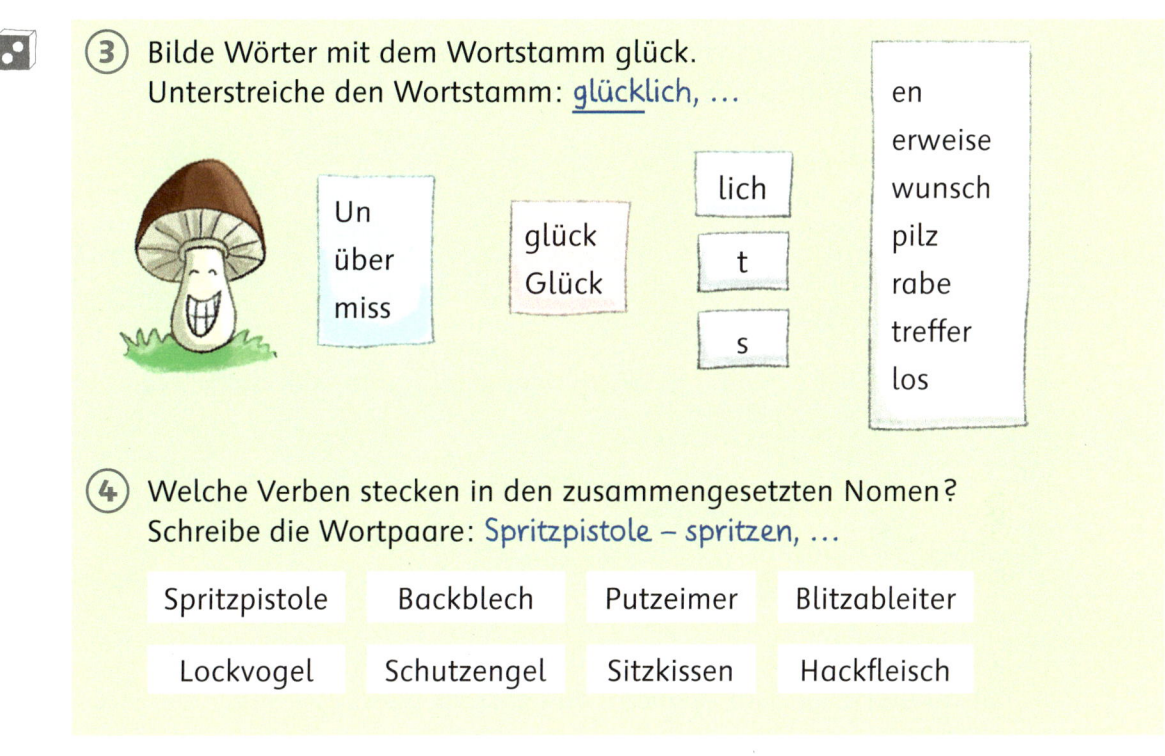

Un
über
miss

glück
Glück

lich
t
s

en
erweise
wunsch
pilz
rabe
treffer
los

④ Welche Verben stecken in den zusammengesetzten Nomen?
Schreibe die Wortpaare: Spritzpistole – spritzen, ...

| Spritzpistole | Backblech | Putzeimer | Blitzableiter |
| Lockvogel | Schutzengel | Sitzkissen | Hackfleisch |

⑤ Bilde zu den Bildern passende Wörter: Stockente, ...

Stock   Stein   Öl
Nagel   Bau   Spinnen
Schotten   Gold
Eck   Auto

rock   ente   klotz
lack   schatz   bock
netz   fleck
zahn   sitz

⑥ Eine Art Tasche, die auf dem Rücken getragen wird, nennt man ⬚ .
Ein kleineres Paket, das mit der Post verschickt werden kann, ist ein ⬚ .
Statt Etagenbett kannst du auch ⬚ sagen. Eine Münze ist ein ⬚ .
Der hintere Platz in einem Auto heißt ⬚ .

Verlängern: silbentrennendes h

① Welche Kuh passt zu welchem Strohballen?
Schreibe die Wortpaare: frohe - fröhlich, ...

② Schreibe die Verben in der Grundform und in der Personalform
mit **du** und **er** und **ihr**: gehen – du gehst, er geht, ...

gehen • stehen • ziehen • drehen • nähen • leihen

③ Verlängere das Nomen zu jedem Bild. Schreibe die Wortpaare:
Flöhe – Floh,...

Tipp: Bilde
die Mehrzahl.

④ Bilde mit den Nomen aus Aufgabe 3
zusammengesetzte Nomen: Flohmarkt, ...

Markt Stall Nagel Karton Kitz Spitze
Milch Biss Elch Sohle Hirsch Augen

Manche Wörter schreibst du mit einem h. Wenn du deutlich in Silben
sprichst, kannst du das h hören: *ge hen, die Kü he, ru hig*. Auch die
verwandten Wörter schreibst du mit h: *sie geht, die Kuh, er ruht sich aus*.

⑤ Bilde möglichst viele zusammengesetzte Nomen:
glühen + Birne: Glühbirne, …

| glühen | drehen |
| nähen | stehen |

Birne Orgel Faden Lampe Kurs
Würmchen Nadel Tisch Platz
Buch Zahl Maschine Imbiss

⑥ Finde die passenden zusammengesetzten Nomen.
Schreibe die vollständigen Sätze:
Ein Weg, auf …

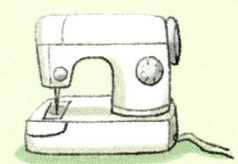

Ein Weg, auf dem wir gehen, ist ein ▮.

Eine Maschine, mit der man nähen kann, ist eine ▮.

Ein Test, um das Sehen zu prüfen, ist ein ▮.

Ein Blech, auf dem man etwas backen kann, ist ein ▮.

Eine Kost aus rohem Gemüse ist ▮.

⑦ Heute ist Samstag. Schreibe in vollständigen Sätzen auf,
was jedes Kind tut: Anne weiht …

Roller neu
einweihen

gehen
einkaufen

aufstehen spät

nähen
Kuscheltier

mähen
Rasen

neue anziehen
Hose

Mamas ausleihen
Fahrrad

⑧ Was machst du gerne? Was machst du nicht gerne?
Schreibe zu jedem Verb einen Satz: Ich gehe gerne …

gehen   stehen   anziehen   ausleihen   drehen

Ableiten: Wörter mit ä und äu

1 Finde zu den Wörtern die passenden Ableitungen im Text.
Schreibe die Wortpaare: Mauer – Gemäuer, …

Mauer • Gast • rauben • Gefahr • Vorhang • Zahl
rauschen • Frau • Wahl • Goldfaden • Haufen

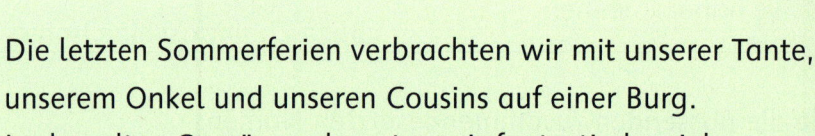

Die letzten Sommerferien verbrachten wir mit unserer Tante,
unserem Onkel und unseren Cousins auf einer Burg.
In den alten Gemäuern konnten wir fantastisch spielen.

Unser Gästezimmer war lustig eingerichtet: An einer Wand hing
das Porträt eines Räubers, er sah gefährlich aus. In der Ecke
stand ein Spinnrad und an meinem Himmelbett waren
Vorhänge angebracht. Nachts wachte ich häufig
von fremden Geräuschen auf und war froh,
dass meine Eltern im gleichen Zimmer schliefen.
Am letzten Abend gab es noch ein Burgfest.
Als Burgfräulein durfte ich mir ein Kleid aussuchen.
Ich wählte ein Spitzenkleid, das mit Goldfäden bestickt war,
und sah damit wunderschön aus. Natürlich erzählte ich
meinen Freundinnen jede Einzelheit von diesem Abend.

2 Finde zu den Wörtern mit ä und äu ein verwandtes Wort
mit a und au: träumen – Traum, …

| träumen | Bäder | bläulich | Sträuße |
| schälen | zählen | ungläubig | Kämpfe |

3 Finde zu den Wörtern mit ä ein verwandtes Wort mit a.
Schreibe die Wortpaare. Achtung! In jeder Reihe ist ein „Kuckucksei":
Äste – Ast, …

ste B▢che Br▢nde F▢cher G▢ld tr▢gt schl▢ft
f▢llt f▢ngt schw▢rer h▢rter k▢lter ▢lter w▢rmer

④ Bilde Wörter mit ä und äu. Finde passende Ableitungen
und schreibe die Wortpaare: prächtig – Pracht, …

Lähmung prächtig P*ckchen N*he quälen kräftig Fläche

Gebäde R*ber Ger*sch Verk*ferin L*fer h*fig S*getier

⑤ Finde zu den Wörtern mit ä ein verwandtes Wort mit a:
Schreibe die anderen Wörter mit e:
Stärke – stark, …

St▢rke P▢rle schn▢ll ▢rzte f▢rben
Ern▢hrung F▢hre h▢rrlich ▢ngstlich

⑥ Bilde Wörter mit ä und äu.
Finde dann ein verwandtes Wort mit a und au:
Schäferhund – Schaf, …

| schähundfer | terteigblät | tehänmatge | rätgeselfra |

| miterkräuschung | cherkerräuze | mergäszimte | bräugamti |

⑦ Schreibe jeden Satz mit der passenden Lösung.
Überprüfe deine Rechtschreibung.

Eine Frau, die in einem Kaufhaus oder
Supermarkt arbeitet, ist eine ▢.
Ein junges Schwein ist ein ▢.
Der Planet, auf dem wir leben, ist die ▢.
Das Gegenteil von Hitze ist ▢.
Ein Mann, der Blumen pflanzt, die Bäume
schneidet und den Rasen pflegt, ist ein ▢.

Kleine Merkwörter

1 Schreibe den Text mit den passenden Merkwörtern ab.
Unterstreiche die Merkwörter: <u>Letztes</u> Wochenende …

Letztes/Nächstes Wochenende wollten wir
meinen Onkel in Hamburg besuchen.
Doch kurz weshalb/bevor wir losfahren wollten,
stolperte meine Schwester und fiel gegen den Zaun.
Vorher/Jetzt hatte sie eine Beule und blutete am Kopf.
Ohne/Trotz zu zögern, brachten wir sie ins Krankenhaus.
Während/Außer meine Schwester untersucht wurde,
beobachteten wir sie angespannt.

2 Nicht alle Vorsilben passen zu den Verben.
Schreibe die Verben mit passenden Vorsilben: weggehen, …

| weg |
| zurück |
| ab |

| gehen | laufen | suchen | schicken |
| nehmen | geben | bleiben | lesen |

3 Finde die Merkwörter im Text und schreibe sie vollständig auf.
Markiere die Stellen, die du dir merken musst: unterwegs, …

un***we**   ni***s   *n*ef**r
e**l*ch   a**er   i**e**w*   *p**er

Endlich gab die Ärztin Entwarnung:
Außer der Platzwunde
war nichts Schlimmes passiert.
Ungefähr zwei Stunden später
konnten wir nach Hause fahren.
Als Papa unterwegs vorschlug,
irgendwo Eis essen zu gehen,
waren wir alle sofort begeistert.

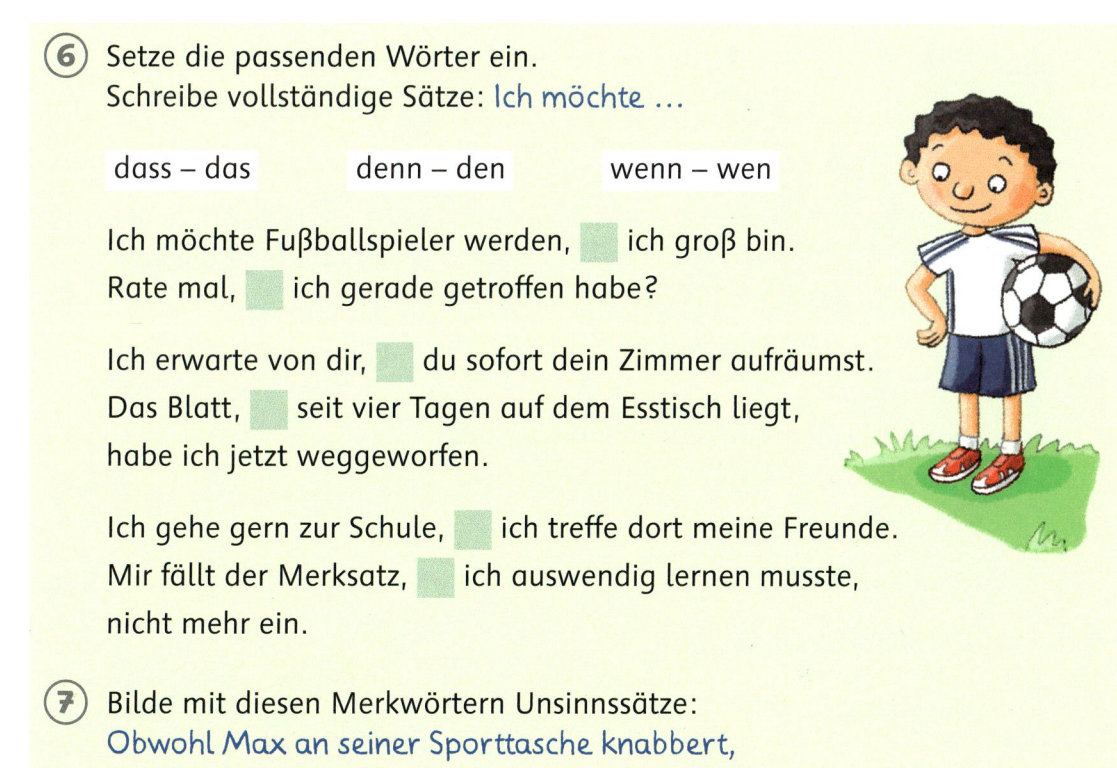

(4) Schreibe die Sätze mit den passenden Merkwörtern ab.
Unterstreiche die Merkwörter: Erst muss ich …

dass • dann • falls • denn • wenn

Erst muss ich meine Hausaufgaben machen,
☐ darf ich Tischtennis spielen.
Ich kaufe mir ein Fahrrad, ☐ ich genug Geld gespart habe.
Glaubst du, ☐ wir das Spiel gewinnen?
Ich kann heute zum Sportplatz laufen, ☐ es regnet nicht.
☐ der Bus Verspätung hat, rufe ich zu Hause an.

(5) Bilde mit jedem Lückenwort aus Aufgabe 4 einen Satz.

(6) Setze die passenden Wörter ein.
Schreibe vollständige Sätze: Ich möchte …

dass – das   denn – den   wenn – wen

Ich möchte Fußballspieler werden, ☐ ich groß bin.
Rate mal, ☐ ich gerade getroffen habe?

Ich erwarte von dir, ☐ du sofort dein Zimmer aufräumst.
Das Blatt, ☐ seit vier Tagen auf dem Esstisch liegt,
habe ich jetzt weggeworfen.

Ich gehe gern zur Schule, ☐ ich treffe dort meine Freunde.
Mir fällt der Merksatz, ☐ ich auswendig lernen musste,
nicht mehr ein.

(7) Bilde mit diesen Merkwörtern Unsinnssätze:
Obwohl Max an seiner Sporttasche knabbert,
muss er sein Sprachbuch putzen.

obwohl • deshalb • plötzlich • bald • irgendwann • nächstes Mal

Merkwörter mit ß (M)

1 Ordne die Wörter nach Wortarten. Male in jedem Wort ß an:
Nomen: …
Verben: …
Adjektive: …

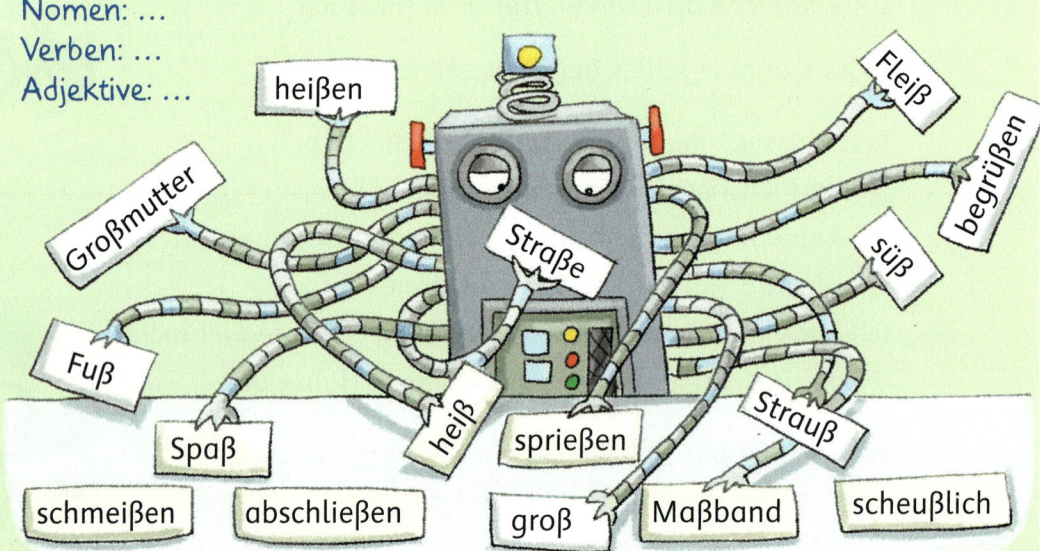

heißen
Fleiß
begrüßen
Großmutter
Straße
süß
Fuß
Spaß
heiß
sprießen
Strauß
schmeißen
abschließen
groß
Maßband
scheußlich

2 Setze die Sätze richtig zusammen.
Male ß an: Draußen ist es schon …

Draußen ist es ▢.
Es leuchtet bloß ▢.
Da höre ich auf der Straße ▢.
Schließlich gehe ich ▢.
Mindestens 30 Flaschen ▢.

eine einzige Laterne.

ans Fenster.

liegen zerstreut
auf dem Boden.

schon lange dunkel.

ein lautes,
klirrendes Geräusch.

3 Finde zu jedem Adjektiv den Gegensatz.
Schreibe die richtigen Sätze. Male immer ß an:
Die Biene ist fleißig.

Die Biene ist faul.

Die Schokolade ist sauer.

Der Riese ist klein.

Die Milch ist schwarz.

Das Feuer ist kalt.

4 Ordne die Verben nach ihrer Zeitform. Male ß an:
Gegenwart: ich weiß, …
Vergangenheit: …

ich weiß	wir beschließen	ich vergaß	er reißt
er beißt	er fraß	ich gieße	wir ließen
wir saßen	ich aß	er maß	wir genießen

5 Bilde zusammengesetzte Nomen. Male immer das ß an:
Reißnagel, …

reißen	schließen
stoßen	beißen
gießen	schießen

Kanne	Nagel
Fach	Ring
Stange	Pulver

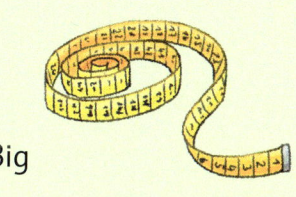

6 In jeder Reihe hat ein Wort einen anderen Wortstamm.
Schreibe nur die Wörter, die passen: maßlos, …

maßlos Metermaß maßgeschneidert aß Maßband
außerirdisch außerdem Außenseite außerhalb
Spaßvogel saßen Spaßverderber spaßeshalber spaßig

7 Finde zu jedem Nomen die passenden Stichworte
im unteren Kasten. Schreibe Sätze:
Mit der Gießkanne gieße ich die Blumen.

Gießkanne • Heißluftballon
Straße • Schweiß • Spaß
Grießbrei • Blumenstrauß • Gruß

hoch fliegen • gerne essen • Geschenk bringen
Autos fahren • Blumen gießen • Brief schreiben
Sport treiben • Fußball spielen

Wortfamilien

① Schreibe aus dem Text alle Wörter
zur Wortfamilie **Märchen** heraus:
Kindermärchen, …

Meine Eltern lesen mir abends immer Kindermärchen vor.
Ich liebe Märchen. Mein Lieblingsmärchen ist Aschenputtel:
Die Stelle, wie der Märchenprinz seine Prinzessin findet,
gefällt mir besonders gut. Meist falle ich danach selbst
in einen märchenhaften Schlaf.
Die beste Märchenerzählerin ist aber meine Oma.
Sie braucht kein Märchenbuch. Ihre Geschichten sind
so spannend, weil sie ihre eigenen Märchenfiguren erfindet.
Weil Omi weit weg wohnt, freue ich mich immer schon
wochenlang im Voraus auf unsere Märchenstunden.

② Bilde Wörter. Schreibe Nomen groß.
Unterstreiche in jedem Wort den Wortstamm:
wundervoll, …

wunder	Voll
sorgen	voll
grauen	völl

ig	mond
bart	korn
treffer	dampf
gas	ständig
macht	kommen

③ In jeder Reihe hat ein Wort einen anderen Wortstamm.
Schreibe nur die Wörter mit dem gleichen Wortstamm:
heißblütig, …

heißblütig Heißluftballon Heiserkeit Heißhunger knallheiß
Haarfarbe behaart Kopfhaar haargenau ausharren
Schließfach beschließen Schleuse Schließung schließlich

④ Schreibe nur die Wörter der Wortfamilie **hohl/höhl**:
Hohlkreuz, …

Hohlkreuz Hohlkörper Hohlmaß holen
aushöhlen höllisch Höhle Erdhöhle verstohlen
Höhlenbär Abholung Höhlenmalerei hohl Hölle

⑤ Bilde Wörter. Unterstreiche in jedem Wort den Wortstamm:
Ge<u>fahr</u>, …

ge	fahr	te	park	dung	e
aus	fähr	lich	erschein	erhaus	
	fuhr	unternehmen		werk	t
ein	führ	mann	plan	schule	

⑥ Finde zu jedem Satz die Lösung. Schreibe die Sätze.
Unterstreiche in jedem Satz den gleichen Wortstamm:
Ein Ei kann man …

Ein Ei kann man
in Eigelb und [ ] trennen.

Eine bekannte Alpenblume
ist das [ ].

Dieses Brot wird aus
hellem Mehl gebacken: [ ].

Ein altes, bekanntes Märchen
heißt [ ] und Rosenrot.

Diese Wurst ist eine bekannte
Münchner Spezialität: [ ].

⑦ Finde zur Wortfamilie **zählen** mindestens zehn Wörter.
Unterstreiche den Wortstamm **zahl** oder **zähl**:
Wortfamilie zählen: …

Strategien anwenden 1

1 Finde zu den Ableitungen die passenden Wörter im Text:
rauben – Räuber, …

rauben • Ast • Baum • kalt
Hauptsache • rauschen • Europa

Luchse sind die größten europäischen Wildkatzen.
Sie sind sehr scheue Tiere, die hauptsächlich in Wäldern leben.
Ihr dunkel gepunktetes Fell ist eine perfekte Tarnung.
Auf Ästen und zwischen Bäumen sind sie kaum zu entdecken.
Die 4 cm langen Pinsel an den Ohren sind wie Antennen,
damit können sie die Richtung von Geräuschen orten.
Im Herbst bekommen Luchse einen dichten Winterpelz,
der sie bei Kälte und Schnee schützt.
Wegen ihres schönen Fells, aber auch, weil sie selbst
Räuber von Schafen und anderen Nutztieren waren,
wurden Luchse schonungslos gejagt und getötet.
In Westeuropa waren diese Raubkatzen praktisch ausgerottet.
Durch eine gezielte Ansiedlung findet man sie heute wieder
in einigen Regionen Deutschlands, etwa den Alpen.

2 Finde zu den orange markierten Buchstaben von Aufgabe 1
eine passende Verlängerung, sodass du den Laut eindeutig hörst:
wild – wilde, …

3 Finde zu den Wörtern die passenden Ableitungen
oder Verlängerungen: Zwerghase – Zwerge, …

Mäusebussard

Siebenschläfer

Zwerghase

Goldfisch

Steinbock

Mauersegler

(4) Finde zu diesen Pflanzennamen die passende Verlängerung oder Ableitung: Gänseblümchen – Gans, ...

> Gänseblümchen • Vergissmeinnicht • Schneeglöckchen
> Löwenmäulchen • Buschwindröschen

(5) Suche in jeder Redewendung ein Wort, das du verlängern, und ein Wort, das du ableiten musst. Schreibe die Wortpaare:
Ass – Asse, ...

> Noch ein Ass
> im Ärmel haben.

> Der Apfel fällt nicht weit vom Stamm.

> Den Wald vor lauter
> Bäumen nicht sehen.

> Den Bock zum Gärtner machen.

(6) Schreibe den vollständigen Text.
Die Verlängerungen und Ableitungen helfen dir:
Der Löwe ist das größte Raubtier ...

> Könige • rauben • abschrecken • Männer
> brüllen • wilde • Weiber • saugen • leben

Der Löwe ist das größte ___tier Afrikas.
Als einzige ___katze ___ er in Rudeln
mit anderen Artgenossen. Mehrere ___chen
und Jungtiere bilden mit wenigen ___chen
solch ein Rudel.

Die Löwinnen kümmern sich um die Jungtiere und
jagen gemeinsam ___tiere wie Zebras oder Antilopen.
Die Löwen schützen und verteidigen das Revier.
Durch lautes, drohendes Ge___ werden Reviereindringlinge
gleich ___. Der Löwe wird auch als „___ der Tiere" bezeichnet.

1 Finde zu diesen Verlängerungen
die passenden Wörter im Text:
Urlaube – ...

Urlaube	klappen	fragen
vermissen		besorgen
schlossen	schluchzende	
leiden	schrieben	Blätter

In meiner Nachbarschaft wohnt ein kleines Mädchen.
Es heißt Emma Schoppe. Wenn Emma mich sieht, lacht sie.
Sie ist immer so fröhlich. Gestern aber weinte sie bitterlich.
Dicke Tränen kullerten ihre Bäckchen hinunter.
„Was ist los?", fragte ich besorgt. Schluchzend erzählte sie,
dass sie Willi, ihren Teddy, verloren hat.
Sie hatte ihn im Urlaub bekommen. Sie tat mir so leid.
Und plötzlich hatte ich eine Idee: Ich besorgte mir ein Foto
von Willi und schrieb VERMISST auf ein Blatt Papier.
Darunter notierte ich Emmas Namen und ihre Telefonnummer.
Ich machte mehrere Kopien und hängte sie
an Baumstämme, Straßenschilder und Parkplätze.
Es klappte tatsächlich. Zwei Tage später rief eine Frau an,
die den Teddy gefunden hatte. Als Emma ihren Bären
wieder in ihre Ärmchen schloss, hüpfte sie vor Freude.
Selten habe ich strahlendere Augen gesehen.

2 Finde zu jedem blauen Wort eine passende Ableitung:
Bäckchen – Backen, ...

3 Finde weitere vier Wörter mit ä im Text.
Weil es keine Ableitung gibt, sind es Merkwörter.
Schreibe sie auf. Kreise ä ein:
(M) Merkwörter mit ä: ...

④ Setze die Sätze richtig zusammen.
Unterstreiche die Merkwörter mit ieh:
Ein frecher Junge stiehlt ...

Ein frecher Junge	sieht	am hellen Tag.
Es	stiehlt	dem Jungen, den Ball zurückzulegen.
Die aufmerksame Oma	empfiehlt	den Fußball aus dem Garten.
Sie	geschieht	ihn vom Balkon aus.

⑤ Finde passende Verlängerungen oder Ableitungen:
packen – Päckchen, ...

Päckchen Plätzchen Männchen Säckchen

Kälbchen Schnäppchen Kännchen Häppchen

⑥ Ordne die Wörter den passenden Zeichen zu: ↪ ⚡ Ⓜ.
Finde passende Verlängerungen oder Ableitungen:
Ⓜ hübsch, ↪ staubig – Staub, ...

hübsch Staub seid Gefahr Tiger Käse früh abends
beginnt öffnen Gespräch Gebäude ängstlich häufig hängt

⑦ Schreibe die Sätze mit den passenden Wörtern.

Er ___ mir etwas zu trinken an.
Das ___ Ⓜ ist für 30 € zu mieten.
Was du sagst, ist nicht ___ Ⓜ.
In den Ferien ___ ich mit meinen Eltern am Meer.
Dieses ___ darfst du an Silvester länger aufbleiben.
Das ___ Ⓜ hat sehr gut geschmeckt.

war – wahr
Mahl – Mal
bot – Boot

① Schreibe alle roten Merkwörter auf.
Kreise ein, was du dir merken musst:
gefahren, …

Bist du schon einmal mit dem Zug gefahren?
Die Erfolgsgeschichte der Eisenbahn
begann vor knapp 200 Jahren.
Am 27. September 1825 wurde
die erste Eisenbahnstrecke der Welt
unter der Bauleitung des Engländers
George Stephenson eröffnet.

Die Strecke hatte eine Länge von 40 km,
die Lokomotive verkehrte zwischen
den englischen Städten Stockton und Darlington.
Die Erfindung der Eisenbahn war ein Meilenstein
in der Geschichte: Mit dem neuen Verkehrsmittel
konnten nun größere Distanzen schnell, bequem
und kostengünstig zurückgelegt werden.

Stephenson stand dabei in einer langen Reihe
von Erfindungen, Entwicklungen und Verbesserungen.
Bereits in der Antike nahmen diese Erfindungen ihren Anfang,
also lange Zeit vor Christi Geburt und dem Beginn
unserer Zeitrechnung.

② Finde passende Ableitungen für die
blau markierten Buchstaben.
Schreibe die Wortpaare:
England – Engländer, …

③ Finde passende Verlängerungen, damit du die grün
markierten Buchstaben eindeutig hörst.
Schreibe die Wortpaare:
Züge – Zug, …

(4) Schreibe die rot markierten Merkwörter.
Male an, was du dir merken musst: sind, ...

Drei Dinge waren und sind für jede Eisenbahn maßgeblich:
das Rad, die Schiene und ein Antrieb. Um Lasten leichter
transportieren zu können, wurde schon früh das Rad entwickelt.
Damit die Räder nicht im morastigen Untergrund einsackten,
kamen schon die Griechen und später auch die Römer
auf die Idee, Straßen mit Spurrillen zu bauen.

Im Mittelalter wurden in Bergwerken hölzerne Schienen verlegt.
Holz war jedoch ein ungeeigneter Werkstoff für schwere Lasten,
sodass ab 1750 gusseiserne Schienen zum Einsatz kamen.
Da diese häufig brachen, wurden sie in den Anfängen
des 19. Jahrhunderts von gewalzten Schienen abgelöst.

(5) Finde für die blauen Buchstaben passende Ableitungen oder
Verlängerungen. Schreibe die Wortpaare: ↪ geben – maßgeblich, ...

(6) Kennzeichne die roten Wörter mit ↪, ⚡ oder Ⓜ:
Ⓜ die Maschine, ...

James Watt, der Erfinder der Dampfmaschine, und Richard Trevithick
bereiteten den Weg zur Entwicklung der ersten Lokomotiven.
Trevithick entwickelte eine leistungsstärkere Hochdruckdampfmaschine
und stellte 1804 seine erste Lokomotive vor. Sie fuhr in einem Bergwerk.
Fehlendes Geld und bruchanfällige Schienen führten jedoch dazu,
dass sein Projekt scheiterte.

Es war schließlich George Stephenson, der die Schienen verbesserte
und die Strecke zwischen den Städten Stockton und Darlington mit
gewalzten Schienen ausrüstete. Darauf bewältigte seine „Locomotion"
40 km. Es war die Geburtsstunde der modernen Eisenbahn.

(7) Schreibe den Text ab.

Wortarten

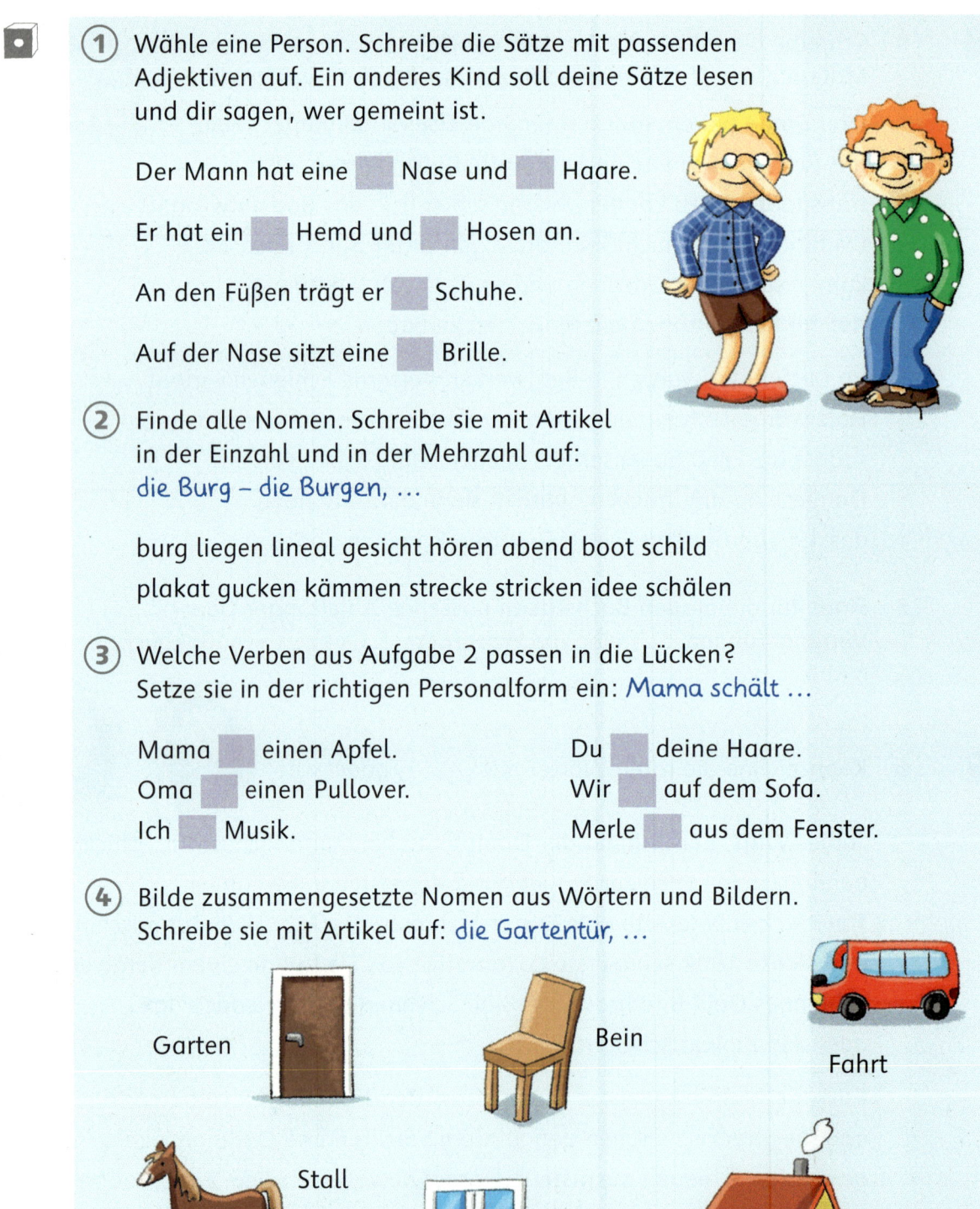

1. Wähle eine Person. Schreibe die Sätze mit passenden
   Adjektiven auf. Ein anderes Kind soll deine Sätze lesen
   und dir sagen, wer gemeint ist.

   Der Mann hat eine ▯ Nase und ▯ Haare.

   Er hat ein ▯ Hemd und ▯ Hosen an.

   An den Füßen trägt er ▯ Schuhe.

   Auf der Nase sitzt eine ▯ Brille.

2. Finde alle Nomen. Schreibe sie mit Artikel
   in der Einzahl und in der Mehrzahl auf:
   die Burg – die Burgen, …

   burg liegen lineal gesicht hören abend boot schild
   plakat gucken kämmen strecke stricken idee schälen

3. Welche Verben aus Aufgabe 2 passen in die Lücken?
   Setze sie in der richtigen Personalform ein: Mama schält …

   Mama ▯ einen Apfel.   Du ▯ deine Haare.
   Oma ▯ einen Pullover.   Wir ▯ auf dem Sofa.
   Ich ▯ Musik.   Merle ▯ aus dem Fenster.

4. Bilde zusammengesetzte Nomen aus Wörtern und Bildern.
   Schreibe sie mit Artikel auf: die Gartentür, …

   Garten

   Bein

   Fahrt

   Stall

   Brett

   Meister

(5) Bei welchen Sätzen kannst du die Nomen in die Mehrzahl setzen?
Finde diese Sätze und setze sie in die Mehrzahl: Die Busse ...

Der Schmutz muss weggefegt werden.

Der Bus fährt langsamer.

Da steht ein Schild.

Unter der Erde wird gearbeitet.

Der Weg ist abgesperrt.

Laut heult der Motor.

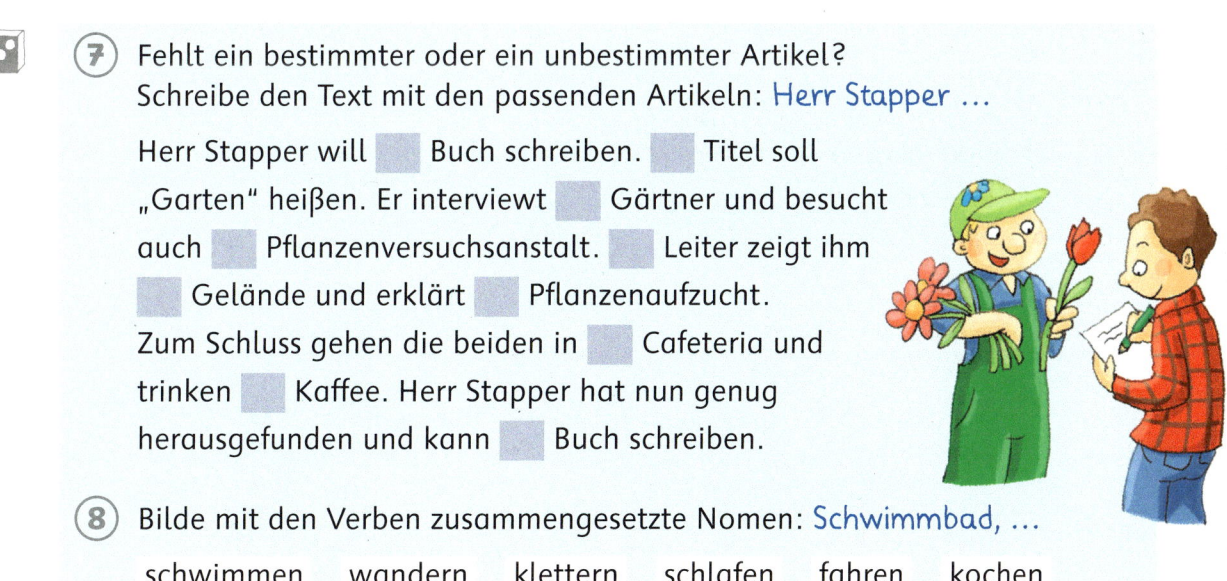

(6) Schreibe die Verben aus dem Text auf.
Ergänze jeweils die Grundform: isst – essen, ...

Kolja isst gerne Nudeln mit Tomatensoße.

Zuerst nimmt er die Nudeln und wirft sie in das kochende Wasser.

Danach liest er das Rezept für die Soße und gibt alle Zutaten

in den Topf. Aber wieso schmeckt zum Schluss alles so fad?

Beim nächsten Mal weiß Kolja Bescheid:

Salz im Nudelwasser vergisst er nicht noch einmal.

(7) Fehlt ein bestimmter oder ein unbestimmter Artikel?
Schreibe den Text mit den passenden Artikeln: Herr Stapper ...

Herr Stapper will ⬚ Buch schreiben. ⬚ Titel soll
„Garten" heißen. Er interviewt ⬚ Gärtner und besucht
auch ⬚ Pflanzenversuchsanstalt. ⬚ Leiter zeigt ihm
⬚ Gelände und erklärt ⬚ Pflanzenaufzucht.
Zum Schluss gehen die beiden in ⬚ Cafeteria und
trinken ⬚ Kaffee. Herr Stapper hat nun genug
herausgefunden und kann ⬚ Buch schreiben.

(8) Bilde mit den Verben zusammengesetzte Nomen: Schwimmbad, ...

schwimmen   wandern   klettern   schlafen   fahren   kochen

Vorangestellte Wortbausteine

1 Finde die Adjektive, setze sie in die Grundform und ergänze das Gegenteil: unruhig – ruhig, …

An einer unruhigen Straße befindet sich ein unbewachtes Haus. Die Hausbewohner halten es in dieser Gegend für unnötig, ihre Häuser von einem Sicherheitsdienst bewachen zu lassen. Sie fühlen sich nicht unsicher und ein Wachhund vor der Tür würde ihnen allen ein unbehagliches Gefühl bereiten. Eines Tages bricht ein unbekannter Mann in das Haus ein und schnappt sich unbesorgt den gesamten Schmuck.

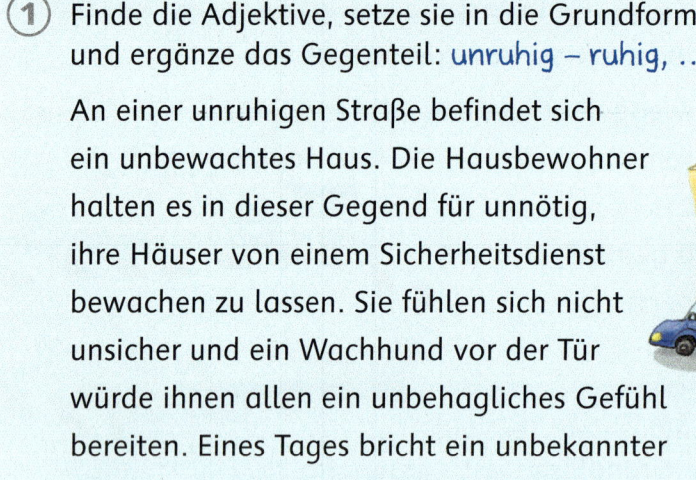

2 Welcher Wortbaustein muss vor dem Verb stehen? Schreibe die Sätze richtig auf: Der Dieb ist …

ent • aus • be	Der Dieb ist der Polizei ☐ kommen.
ab • über • weg	Fast hätte die Frau die Katze ☐ fahren.
ver • be • ab	Auf dem Flohmarkt muss man den Preis ☐ handeln.
ab • ver • er	Jeden Montag muss ich Prospekte ☐ teilen.

3 Bilde mit den Wortbausteinen Wörter. Wie viele findest du? Übersicht, …

Über- Unter-	sicht führung fall rock schied
An- Ab-	fang wasch hang teil fall
Aus- Ein-	beute horn bildung bruch fahrt

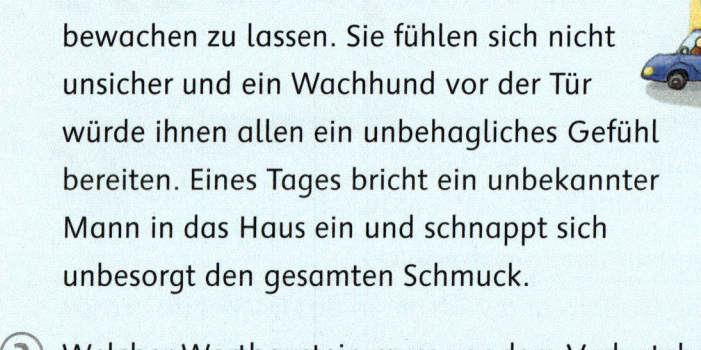

(4) Schreibe alle Verben aus dem Text in der Grundform auf.
Achte auf die Wortbausteine: stattfinden, …

Bald findet das Klassenfest der 4b statt. Ina und Mia üben
einen Tanz ein. Nils denkt über eine Zaubervorführung nach.
Carla bringt Girlanden an. Fatma stellt alle Stühle weg.
Morgen geht das Fest endlich los! Die Eltern bringen dann
etwas zu essen mit und sehen sich die Aufführungen an.

(5) Finde passende Adjektive mit zer, ver oder vor.
Ergänze die Sätze: Leider ist …

Leider ist der Käse ▢ .
Lenis Hose ist ▢ .
Der Kuchen im Ofen ist ▢ .
Ramon trägt das Tablett ▢ .

(6) Verwandle die Verben in Nomen mit Wortbausteinen:
Schreibe die vollständigen Sätze: … viel Gepäck.

Wir packen die Sachen für die Reise
und haben dann viel ▢ .
Die Polizisten dachten an den letzten Überfall
und hatten plötzlich einen ▢ .
Oma und Opa backen gerne und
bringen uns jeden Freitag ▢ .
Rieke fühlte Schmetterlinge im Bauch
und mochte dieses ▢ .
Paul und Lisa fallen regelmäßig beim Inlinern hin,
aber es passiert nie ein ▢ .

(7) Finde zu jedem Verb eine Vorsilbe.
Schreibe mit den neuen Verben Sätze.

sprechen • packen • schreiben • hören • stellen • treten

Wörter mit -heit, -keit, -ung, -nis

① Ordne jedem Verb oder Adjektiv ein Nomen zu.
Schreibe die Paare auf: verzeihen – Verzeihung,...

verzeihen • dunkel
freundlich • dumm
üben • schnell
frech • wagen
ärgern • stören

Dummheit • Übung
Ärgernis • Schnelligkeit
Störung • Dunkelheit
Frechheit • Wagnis
Freundlichkeit • Verzeihung

Das Ergebnis
ist toll!

② Schreibe den Text mit passenden Nomen.
Manchmal gibt es mehrere Möglichkeiten:
Seit ein paar Wochen ...

Begeisterung   Sicherheit   Drehung   Sportereignis
Geheimnis   Fähigkeit   Fröhlichkeit   Verschwiegenheit

Seit ein paar Wochen ist Jule neu in der Klasse.
Ihre ▢ finden viele Jungen toll. Mit ▢ versuchen sie,
Jule mit allem Möglichen zu beeindrucken.
Tim hat ihr einen Lolli geschenkt, was Jule mit ▢ gut fand.
Ole hat eine besondere ▢, Jule zum Lachen zu bringen:
Er kann eine ▢ auf einem Bein mit einer lustigen Grimasse!
Ben hat sich sogar ein bisschen in Jule verliebt, aber das ist sein ▢.
Er hofft, dass sie beim nächsten ▢ in eine Mannschaft kommen.
Dann würde er sie auch mal ansprechen!

> Wörter mit **-heit, -keit, -ung** und **-nis** sind Nomen. Sie werden groß-
> geschrieben. Man kann sie aus Verben und Adjektiven bilden:
> *krank – die Krank**heit**, gültig – die Gültig**keit**, teilen – die Teil**ung**.*

3 Diese Nomen sollen in der Mehrzahl stehen. Schreibe die Sätze um.
Du musst auch die Artikel und Verben verändern:
Die Sportereignisse der Schule sind …

Das Sportereignis der Schule ist gut geplant.

Das Verzeichnis aller Mitspieler wird verteilt.

Das Hindernis wird auf das Feld gestellt.

Das Bedürfnis jedes Einzelnen muss
in der Mannschaft zurückgestellt werden.

Es kommt zu einem Missverständnis in einer Mannschaft.

Das Endergebnis wird am Schwarzen Brett ausgehängt.

4 In jedem Kasten sind die Endungen vertauscht worden.
Schreibe die Wörter mit den richtigen Endungen auf: Offenheit, …

Offenung	Klugnis	Wichtignis	Blindung
Deutlichheit	Erlebung	Ärgerung	Ereigheit
Kleidkeit	Achtheit	Störkeit	Bedeutnis

5 Bilde Nomen aus den Verben und Adjektiven.
Ergänze die Sätze mit diesen Nomen: Nach zwölf …
erlauben • finster • müde • üben • berühmt

Nach zwölf Stunden Arbeit ist die ▭ groß.

Der Maler van Gogh ist heute eine echte ▭.

Nach viel ▭ klappt das Aufsagen des Gedichts.

Die ▭ im Wald fanden die Kinder beängstigend.

Pia erhält die ▭, alleine mit dem Rad zur Schule zu fahren.

6 Finde zu jeder Endung jeweils drei Nomen.

heit   keit   ung   nis

Präsens, Präteritum, Perfekt, Futur

1 Schreibe die Sätze mit passenden Verben
im Präsens oder im Präteritum:
Vor einigen Jahren besuchte ...

> besuche • besuchte • kaufen • kauften • gibt
> gab • trage • trug • schreibt • schrieb

Vor einigen Jahren ___ ich den Kindergarten.

Heute ___ ich die Schule.

Heute ___ die Leute Milch im Supermarkt.

Früher ___ die Leute Milch beim Bauern.

Als Baby ___ ich Strampelanzüge.

Heute ___ ich Jeans und T-Shirt.

Im Mittelalter ___ es Pferdefuhrwerke.

Heute ___ es motorbetriebene Fahrzeuge.

Heute ___ jeder Schüler in sein Heft.

Früher ___ jeder Schüler auf einer kleinen Tafel.

2 In jedem Satz steht ein Verb im Futur. Es besteht aus
zwei Teilen. Schreibe diese Verben mit **ich**, **du** und **er**:
ich werde aufräumen, du wirst aufräumen, er wird ...

Nächstes Jahr werde ich mein Zimmer jeden Tag aufräumen.

In 20 Jahren werde ich einen Führerschein haben.

Nächste Woche wird meine Klasse einen Ausflug machen.

Morgen werde ich nach der Schule Opa besuchen.

Am Ende der Grundschulzeit werden wir alle ein Fest feiern.

> Ich werde
> morgen lange
> schlafen.

Verben können in verschiedenen **Zeitstufen** stehen:

Präsens:	*Heute **wohnt** Lena in einem Dorf.*
Futur:	*Später **wird** sie in einer Stadt **wohnen**.*
Präteritum:	*Lenas Uropa **arbeitete** als Schmied.*
für aufgeschriebene Vergangenheit	
Perfekt:	*Gestern **hat** Papa ein Gitter **verziert**.*
für erzählte Vergangenheit	

3 Schreibe die Sätze mit passenden Verben im Perfekt:
Vor zwei Minuten hat …

Vor zwei Minuten [   ] leider mein Wecker [   ].
Heute Morgen [   ] wir einen Test [   ].
Gestern [   ] wir fünf Tore beim Fußballturnier [   ].
Vorhin [   ] meine Mutter einen Kuchen [   ].

4 Bilde sinnvolle Sätze. Überlege vorher, ob das Verb
im Futur oder im Präteritum stehen muss: Übermorgen …

Übermorgen

An meinem ersten Schultag

In 50 Jahren

Im Kindergarten

Im nächsten Jahr

Roboter räumen die Zimmer auf

ins Schwimmbad gehen

Papa und Mama machen 100 Fotos

in die fünfte Klasse gehen

mit dem Dreirad Rennen fahren

5 Überlege dir Verben, die zu den Sätzen passen.
Achte beim Schreiben auf die richtige Zeitstufe.

Letzte Woche [   ] wir einen Ausflug [   ].
Mein kleiner Bruder [   ] nächstes Jahr zur Schule [   ].
Morgen [   ] ich einen tollen Zaubertrick [   ].
Nur wenige Leute [   ] vor 50 Jahren ein Auto.
Heute [   ] es schon den ganzen Tag.
Im letzten Jahr [   ] ich sechsmal bei Oma und Opa im Zelt.

6 Schreibe auf, was in den Jahren 1912, 1969 und 1989 passierte.
Benutze Verben im Präteritum.

Vergleichsstufen

1 Ergänze die Sätze: Die Giraffe ist ...

> am kleinsten • am größten
> so groß wie
> größer als • kleiner als

Die Giraffe ist ▭.
Der Elefant ist ▭ der Bär.
Der Bär ist ▭ die Giraffe.
Die Robbe ist ▭.
Der Tiger ist ▭ der Bär.

2 Schreibe zu jedem Adjektiv die Grundstufe und die 1. Vergleichsstufe: alt, älter, am ...

> am ältesten • am niedlichsten • am schiefsten
> am ordentlichsten • am bekanntesten

3 Vergleiche die Dinge miteinander. Benutze jedes Adjektiv in der Grundstufe und in beiden Vergleichsstufen:
Die Rassel ist laut. Die Geige ist lauter.
Das Schlagzeug ist am ...

Geige   Rassel   Schlagzeug
Baby   Kind   Vater
Auto   Flugzeug   Fahrrad
Autobahn   Radweg   Straße
Stuhl   Bett   Sofa

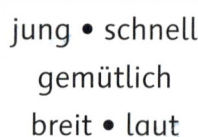

> jung • schnell
> gemütlich
> breit • laut

> Mit **Adjektiven** kannst du Nomen genauer beschreiben. Du erkennst Adjektive auch daran, dass du mit ihnen etwas **vergleichen** kannst:
> Grundform: *Der Wasserfrosch ist **klein**.*
> 1. Vergleichsstufe: *Der Grasfrosch ist **kleiner**.*
> 2. Vergleichsstufe: *Der Laubfrosch ist **am kleinsten**.*

④ In diesem Text stehen neun Adjektive, entweder in der Grundstufe oder in einer Vergleichsstufe. Schreibe jedes Adjektiv in allen Stufen auf: groß, größer, am größten, breit, …

Die Klasse macht einen Ausflug in die große Landeshauptstadt.

Dort sind die Straßen breiter und voller als auf dem Dorf.

Die Kinder müssen ordentlich nebeneinandergehen.

Zuerst steht die berühmte Kunsthalle auf dem Programm.

Danach geht es in das bekannte Landtagsgebäude.

Am spannendsten ist der Sitzungssaal. Müder als nach

einem normalen Schultag fahren alle wieder nach Hause.

⑤ Finde zu den Nomen passende Tätigkeiten und vergleiche:
Ein Motorrad fährt engere Kurven als …

| Motorrad • Auto |
| Orange • Zitrone |
| Flugzeug • Vogel |
| Kran • Kind |

| saurer schmecken |
| höher fliegen |
| schwerere Lasten heben |
| engere Kurven fahren |

⑥ Vergleiche die Autos miteinander. Benutze unterschiedliche Vergleichsstufen: Der Kombi ist billiger als …

Cabrio Sonni	Limousine Tito	Kombi Allegro	Jeep Landino
16 600 €	82 000 €	18 750 €	39 750 €
180 km/h	250 km/h	180 km/h	200 km/h
6,0 l	11,1 l	6,1 l	7,2 l
1 t	2 t	1 t	2 t

⑦ Schreibe mit jeder 1. Vergleichsstufe einen Satz.

gesünder • kürzer • dunkler • schwieriger • weicher • glücklicher

Die vier Fälle des Nomens

① Schreibe den Text mit den Nomen
in den passenden Fällen: *Der ...*

         teilt die Hefte aus. Er hat keine Brille auf.
Sofie bekommt das falsche Heft. Sie gibt
das Heft zurück. Das wundert   . Die Schüler
weisen auf die fehlende Brille   hin. Der Lehrer
muss laut lachen, weil er sich dadurch verlesen hat.

der Lehrer
des Lehrers
dem Lehrer
den Lehrer

② Finde die Nomen im 4. Fall. Frage mit *Wen oder was ...?*
Wen oder was untersucht Max? den ...

Max untersucht den Baumstamm mit der Lupe.
Kim fragt den Lehrer nach den Lösungszetteln.
Selma hält den Schwamm unter den Wasserhahn.
Elisa und Tom suchen ihre Stifte.
Ben leert den Mülleimer aus.

③ Stehen die Nomen im 3. Fall oder im 4. Fall?
Frage mit *Wem ...?* oder *Wen oder was ...?*
Setze **dem** oder **den** ein: *Die Lehrerin erklärt dem ...*

Die Lehrerin erklärt   Schüler den Ablauf.
Er muss   Weg bis zur Abbiegung laufen.
Die Sonne scheint   Läufer direkt ins Gesicht.
Sieht er   Stock rechtzeitig?
In letzter Sekunde weicht er   Hindernis aus.
Die Klassenkameraden feuern   Mitschüler an.
Am Ende gibt der Direktor   Sieger eine Urkunde.

Nomen können in **vier Fällen** stehen. Man findet sie durch Fragen:

1. Fall, Nominativ:	*der Vogel*	*Wer oder was ...?*
2. Fall, Genitiv:	*des Vogels*	*Wessen ...?*
3. Fall, Dativ:	*dem Vogel*	*Wem ...?*
4. Fall, Akkusativ:	*den Vogel*	*Wen oder was ...?*

(4) In welchem Fall stehen die farbigen Nomen? Stelle Fragen.
Schreibe die Antworten und Fälle dahinter:
Wer oder was holt die Kinder ab? der Bus (1. Fall)

Der Bus holt die Kinder ab.

Plötzlich knattert der Motor des Busses laut.

Die Kinder müssen den Bus verlassen.

Leider können sie nicht mehr mit dem Bus fahren.

(5) Stehen die farbigen Nomen im 2. oder im 3. Fall? Ordne zu:
Genitiv: des …
Dativ: …

Nils und Tim gehen ins Zimmer des Hausmeisters.

Sie sollen dem Lehrer neue Kreide holen.

Mit einem lauten Knall fällt die Tür des Zimmers zu.

Die beiden bekommen bei dem Geräusch Angst.

Sind sie in eine Falle des Schulgespenstes geraten?

Der Lehrer hat doch erst gestern die Geschichte

des Gespenstes erzählt! Da geht die Tür auf und sie sehen

erleichtert in das freundliche Gesicht des Hausmeisters.

Alles muss man dem Lehrer also doch nicht glauben!

(6) Schreibe zu jedem Bild einen Satz.
Das Nomen **Vogel** soll in allen vier Fällen vorkommen.

(7) Suche dir ein Nomen aus. Erfinde vier Sätze,
in denen das Nomen in allen vier Fällen vorkommt.

Maus   Pferd   Kuh

Subjekt und Prädikat

① Schreibe fünf unterschiedliche Sätze auf. Wer tut etwas?
Unterstreiche in jedem Satz das Subjekt: <u>Das kleine Kind</u> ...

Das kleine Kind	erzählt	vom letzten Ausflug.
Unser Lehrer	beobachtet	einen rostigen Nagel.
	findet	eine kleine Maus.
		den Streit zwischen zwei Ameisen.
		von dem neuen Fledermauskasten.

② Schreibe den Text mit den passenden Prädikaten:
Wir besuchen eine ...

Wir ▢ eine Tropfsteinhöhle.
Überall ▢ Wasser von den Wänden.
Auf einmal ▢ etwas über unsere Köpfe.
Manche Kinder ▢ laut. Doch unser Lehrer ▢ uns.
Er ▢ mit seiner Taschenlampe nach oben und ▢ uns
Fledermäuse, die an der Decke ▢.

beruhigt
läuft
besuchen
schreien
leuchtet
zeigt
hängen
fliegt

③ Schreibe die Sätze ab. Unterstreiche in jedem Satz
das Subjekt blau und das Prädikat rot: <u>Fledermäuse</u> <u>schlafen</u> ...

Fledermäuse schlafen tagsüber.
Sie hängen dabei kopfüber an der Decke.
Einige Menschen beobachten nachts ihre Flugkünste.
Unsere einheimischen Fledermäuse fressen Insekten.
Die Echoortung hilft beim Aufspüren ihrer Beute.

Subjekt und Prädikat sind Satzglieder. Nach dem Prädikat fragt man
„Was tut ...?" Nach dem Subjekt fragt man *„Wer oder was ...?"*
Subjekt und Prädikat passen in einem Satz zusammen. Sie sind
der Satzkern. Das Prädikat kann aus zwei Teilen bestehen:
Die Kinder <u>*lassen*</u> *keinen Müll im Wald* <u>*zurück*</u>.

4 Schreibe Fragesätze auf.
Stelle das Prädikat an den Satzanfang: Entdecken …?

Die Kinder entdecken Tierspuren.
Sie überlegen, von welchem Tier sie sind.
Magnus hat eine Idee. Sein Vater ist Förster.
Er erklärt Magnus oft Dinge aus dem Wald.
Magnus erkennt deshalb die Wildschweinspuren.

5 Finde für jeden Satz ein Subjekt.
Schreibe vollständige Sätze: … badet oft mit …

im See • badet mit ihrem Hund • oft	die Sterne • aus dem Dachfenster beobachtet • mit dem Fernglas
mit meiner Mutter • gern besuche • den Tierpark	mit dem Fahrrad • im Wald • fährt mitten durch das Matschloch

6 Schreibe die Prädikate aus den Sätzen
in der Personalform und in der Grundform auf:
fasst an – anfassen, …

Die Lehrerin fasst ein Hängebauchschwein an.
Ich gucke mir den Spielplatz an.
Leon führt auf der Schaukel Kunststücke vor.
Die Kinder essen ihr Eis auf.
Der Bus fährt mit allen weg.

7 Stelle jeden Satz dreimal um. Unterstreiche in jedem Satz
das Subjekt blau und das Prädikat rot: In ihrem …

Ameisen haben in ihrem Ameisenhaufen eine Königin.
Zum Klettern benötigt ein Bergsteiger eine Ausrüstung.
Bei seinen Bienen braucht der Imker oft eine Imkerpfeife.
An der Nordsee zieht sich das Wasser immer wieder zurück.

Dativobjekt und Akkusativobjekt

1 Schreibe zu jedem Satz die Wen-oder-was-Frage.
Antworte mit dem Akkusativobjekt:
Wen oder was begrüßt Hannes? Seinen Opa.

Hannes begrüßt seinen Opa.

Er zeigt ihm seinen neuen Fußball.

Der Opa schießt den Ball mit voller Wucht.

Der Ball trifft das Küchenfenster.

Es bekommt zum Glück nur einen Ballabdruck.

2 Schreibe zu jedem Satz die Wem-Frage.
Antworte mit dem Dativobjekt:
Wem schreibt Carolin eine Karte? Ihrem Onkel.

Carolin schreibt ihrem Onkel eine Karte.

Das Mädchen erklärt einer Freundin die Bastelanleitung.

Lars schaut der Feuerwehr beim Löschen zu.

Oma gratuliert ihrem Enkel zum Geburtstag.

Mein Dackel gefällt der Nachbarin gar nicht.

3 Ergänze in jedem Satz ein Objekt. Unterstreiche
Dativobjekte hellgrün und Akkusativobjekte dunkelgrün:
Kai singt lauthals <u>*gruselige Lieder*</u>*.*

Kai singt lauthals ▩ .

Damit geht er ▩ auf die Nerven.

Die Mutter macht ▩ einen Vorschlag.

Marie soll sich ▩ in die Ohren stecken.

Dann kann Kai weitersingen und stört ▩ .

Beide finden ▩ richtig gut.

| Ohrenstöpsel |
| gruselige Lieder |
| die Idee |
| seiner Schwester |
| ihren Kindern |
| niemanden |

> Ein Satz kann ein oder mehrere Objekte haben.
> Nach dem **Dativobjekt** (3. Fall) fragt man mit *Wem …?*
> Nach dem **Akkusativobjekt** (4. Fall) fragt man mit *Wen oder was …?*
> *Die Lehrerin erklärt* <u>*den Kindern*</u> <u>*die Aufgabe*</u>*.*

4 Bilde Sätze. In jedem Satz steht ein Objekt. Unterstreiche Dativobjekte hellgrün und Akkusativobjekte dunkelgrün:
Nächste Woche …

veranstaltet   die Schule   ein Schulfest   nächste Woche

alle Schüler   an der Pinnwand   sammeln   Ideen

der Hausmeister   hilft   beim Aufbau der Stände   den Schülern

gefällt   das Fest   richtig gut   den Eltern, Lehrern und Schülern

5 Ergänze in den Sätzen das Dativobjekt oder das Akkusativobjekt. Unterstreiche Dativobjekte hellgrün und Akkusativobjekte dunkelgrün.

Jan versteckt   Der Junge   Die Oma bringt
in Papas Bett.   gibt eine Wurst.   die Badeente.

6 Schreibe die Sätze ab. In jedem Satz stehen zwei Objekte. Unterstreiche das Dativobjekt hellgrün, das Akkusativobjekt dunkelgrün:
Die Kinder zeigen ihrem Lehrer …

Die Kinder zeigen ihrem Lehrer ihr Plakat.
Der Lehrer gibt den Kindern noch wichtige Hinweise.
Eine Mitschülerin flüstert den Schülern eine Antwort zu.
Der Lehrer drückt der Klasse die Daumen.
Am Ende überreicht der Lehrer den Vortragenden eine Urkunde.

7 Bilde mit den Dativobjekten und den Akkusativobjekten Sätze. Die Objekte sollen nicht am Satzanfang stehen.

dem bissigen Hund   ihre Schlafsäcke

ein knisterndes Geräusch   den alten Rasenmäher

einem neugierigen Jungen   zwei Sprachen

Wörtliche Rede und Redebegleitsätze

1 Wähle zu jedem Bild die passende wörtliche Rede.
Schreibe sie mit dem Redebegleitsatz und den Redezeichen auf:
Siri stöhnt: „…"

Siri stöhnt:
„Ich gehe heute in die Badeanstalt."

„Wir müssen noch so viel schreiben!"

Azra kündigt an:
„Ich werde den Bürgermeister befragen."

„Kann mir jemand Geld leihen?"

Rieke schimpft:
„Jemand hat meine Kamera kaputt gemacht."

„Wir könnten dazu Fotos machen."

2 Welche Redebegleitsätze passen zur wörtlichen Rede?
Schreibe die Sätze mit allen Redezeichen und Redebegleitsätzen auf:
„Wie viele …

„Wie viele Einwohner hat unser Ort?", _____.

„Deine Frage", _____, „ist gar nicht so leicht zu beantworten."

„Mach noch ein Foto", _____, „der Bürgermeister hat nicht geguckt."

_____: „Entschuldigung, wo ist die Toilette?"

fragt Tristan • Carlo unterbricht
fordert Mia • erwidert der Bürgermeister

Redebegleitsätze stehen vor, in oder nach der wörtlichen Rede:
Simon ruft: *„Oh ja, ich wünsche mir ein neues Fahrrad."*
„Oh ja", **ruft Simon**, *„ich wünsche mir ein neues Fahrrad."*
„Oh ja, ich wünsche mir ein neues Fahrrad", **ruft Simon**.

3 Ordne die Verben aus dem Wortfeld **sprechen** zu:
fröhlich sprechen: loben, …

fröhlich sprechen	rufen • jubeln • jammern
unglücklich sprechen	flüstern • brüllen • wispern
laut sprechen	stöhnen • kreischen • tuscheln
leise sprechen	schimpfen • lachen • loben

4 Schreibe die wörtlichen Reden mit Redezeichen
und passenden Begleitsätzen. Aufgabe 3 hilft dir.

Der Müll gehört
in den Eimer!

Hausmeister

Hast du
schon wieder
nicht zugehört?

Lehrer

Hilfe, da ist eine
dicke Spinne!

Paul

Das sind zu viele
Hausaufgaben!

Felix

Psst, das ist unser
Geheimnis!

Marie

Hurra, wir haben
endlich Ferien!

Lara

5 Denke dir zu jedem Begleitsatz eine passende wörtliche Rede aus.
Achte darauf, wo der Begleitsatz im Satz steht.

Der Karussellbetreiber warnt: „   "   „   ", lobt die Lehrerin.

„   ", beruhigt Jan seinen Kumpel.   Der Patient stöhnt: „   "

„   ", jammert die alte Dame, „   "   „   ", verlangt der Schaffner.

6 Schreibe zu jedem Bild einen Redebegleitsatz und eine wörtliche Rede.

Werbewörter und Werbesprüche

① Welches Produkt passt zu welchem Werbespruch? Ordne zu:
1 = knackig und ...

 ①  ②  ③  ④  ⑤  ⑥

bringt die Familie in Fahrt
süß und lecker
warm durch den Winter

knackig und gesund
der erfrischende Durstlöscher
Schnappschüsse schnell gemacht

② Welche Begriffe werden in der Werbung benutzt,
welche eher nicht? Sortiere die Wörter in eine Tabelle:

gut geeignet	nicht geeignet
...	...

Dauerkrise   supertoll   Megastärke   nice   butterweich
wunderschön   megafettig   unbrauchbar   ultracool
angstvoll   superschwer   brandaktuell   fantastisch   furchtbar

③ Ergänze das Reimwort und schreibe die Werbesprüche:
Internet nutzen irgendwo, ohne jedes ....

> Ziel   entzücken   kaufen   wahr   Risiko   famos   Krautsalat   stark

Internet nutzen irgendwo, ohne jedes ▮▮.
Frisch und äußerst delikat, so schmeckt Omas ▮▮.
0 % Fett im Quark macht dich trotzdem groß und ▮▮.
Neue Frische für das Haar, unser Shampoo macht das ▮▮.
Service schreiben wir ganz groß, die Kunden finden das ▮▮.
Die Bahn kostet nicht viel und bringt die Gäste sicher ans ▮▮.
Das Gymnastikband für den Rücken wird auch Onkel Ernst ▮▮.
Mit Schuhen wie auf Federn laufen, deshalb gleich noch heute ▮▮.

(4) Setze Wörter zusammen und bilde lange Werbewörter:
Superdupererfrischungsgetränk, ...

Snack Gesundheit mega Sport Getränk schnell
Pausen stark super Erfrischung Vitamin duper Power

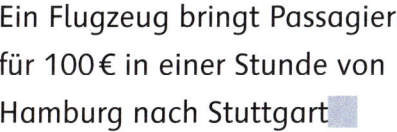

(5) Entscheide: Informationstext oder Werbetext?
Schreibe nur die Werbetexte ab. Ergänze die Satzzeichen:
Werbetexte: ...

Ein Flugzeug bringt Passagiere für 100 € in einer Stunde von Hamburg nach Stuttgart

Nutzen Sie unsere Bürste morgens und abends – Ihr Zahnarzt wird strahlen

Wasser diese Woche zum Schnäppchenpreis

Ein Kasten Wasser kostet in dieser Woche im Supermarkt 5 €

Immer rauf auf unser Rad, die Pfunde schmelzen jeden Tag

Tägliches Fahrradfahren ist für den Körper gesund

Zweimal am Tag sollte man sich die Zähne putzen

Schnell und günstig fliegen, besser kann man es nicht kriegen

(6) Denke dir zu jedem Bild einen kurzen Werbetext aus.

(7) In der Werbung werden oft englische Wörter benutzt.
Finde zu den englischen Begriffen die deutsche Übersetzung.
Bitte Erwachsene um Hilfe. Sieh im Internet nach:
spot – Werbesendung, ...

spot • headline • slogan • future • sale power • energy • life flyer • special offer

Werbesendung • Überschrift Prospekt • Kraft • Zukunft Sonderangebot • Ausverkauf Leben • Energie • Werbespruch

Wörter und Redewendungen

① Ordne den Abkürzungen die richtigen Bedeutungen zu:
z.B. – zum Beispiel, …

z.B.	z.T.	u.	in der Regel	siehe oben	zum Teil
i.d.R.	usw.	v.a.	das heißt	und	zum Beispiel
d.h.	s.o.		vor allem	und so weiter	

② Ordne immer einer Redewendung eine Erklärung zu:
Jemanden in die Schranken weisen: …

jemanden in die Schranken weisen	Zur Zeit der Antike schrieb der Dichter Äsop eine Fabel, in der sich ein sehr eitler Frosch mit einem Ochsen messen will. Dazu bläst sich der Frosch auf, bis er platzt.
vor Neid platzen	Im Mittelalter wurde bei Reiterturnieren die Bahn, in der ein Ritter beim Lanzenstechen zu reiten hatte, als Schranke bezeichnet. Die Ritter durften ihre Bahn nicht verlassen.
noch grün hinter den Ohren sein	In Anlehnung an die Farbe vieler unreifer Früchte setzt man Grün mit Unerfahrenheit und Unreife gleich.

③ Alle Menschen wollen ihren Mantel bekommen. Wer sagt was?
Ordne die Sätze den Personen zu: Kleinkind: „…"

Kleinkind

Jugendlicher zu Freund

Papa zu Mama

Dame im feinen Restaurant zum Kellner

Wären Sie so freundlich, mir meinen Mantel zu reichen?

Kannst du mir bitte meinen Mantel geben?

Ey, rück mal meinen Mantel rüber!

Mantel haben

(4) In vielen Regionen Deutschlands wird Dialekt gesprochen.
Schreibe diesen schwäbischen Vers auf Hochdeutsch auf.

Jetzt gang i ans Brünnele,

Trink aber net,

Do such i mein herztausige Schatz,

Find'n aber net.

(5) Versuche, einen Vers, einen Spruch, einen Witz
oder einen Satz in einem Dialekt aufzuschreiben.

(6) Vergleiche mit einem Partnerkind die Redewendungen.
Was fällt euch auf? Ordnet die Redewendungen ihren Bedeutungen zu.

Russisch:
Слово – серебро, молчание – золото.
Reden ist Silber, Schweigen ist Gold.

Niederländisch:
Blaffende honden bijten niet.
Bellende Hunde beißen nicht.

Französisch:
Avoir un chat dans la gorge.
Einen Frosch im Hals haben.

Englisch:
It's raining cats and dogs.
Es regnet Katzen und Hunde.

Türkisch:
Bugün yarın tavuktan daha iyi bir yumurta.
Besser heute ein Ei als morgen ein Huhn.

Polnisch:
Kłamstwo ma krótkie nogi.
Lügen haben kurze Beine.

- heiser sein, nicht reden können
- mit Lügen kommt man nicht weit, die Wahrheit kommt meistens heraus
- mit dem zufrieden sein, was man sicher hat, als auf etwas zu hoffen,
  was man vielleicht nicht bekommt
- es regnet in Strömen
- wer am lautesten schimpft, ist meist harmlos
- manchmal ist es klüger, nichts zu sagen

(7) Erkläre die Redewendungen. Das Internet kann dir helfen.

| ein Herz aus Stein haben | das fünfte Rad am Wagen sein | ein Brett vor dem Kopf haben |

Steckbriefe, Sachtexte

1 Wüste, Regenwald oder Steppe? Lies den Steckbrief.
Finde heraus, welchen Lebensraum die Stichworte beschreiben.

Name: ▨

Lage: rund um den Äquator

Klima: feucht, das ganze Jahr über Niederschläge,
                 Regenzeit mit besonders viel Regen

Temperatur: immer zwischen 24 °C und 31 °C

Pflanzen: große Artenvielfalt, hohe Bäume, Schlingpflanzen

Tiere: Insekten, Spinnen, Vögel, Affen, Tiger

Besonderheiten: große Flüsse, z. B. der Amazonas in Brasilien

2 Wähle die Sätze aus, die zum Steckbrief passen.
Setze sie zu einem Sachtext zusammen und schreibe ihn auf.
Achte auf die Reihenfolge.

Die Artenvielfalt im ▨ ist sehr groß.

Ein bedeutender Fluss in einem ▨ ist der Amazonas in Brasilien.

Auch wenn es schneit, wird es nicht sehr kalt.

Deshalb leben auf engstem Raum auch viele Tierarten: vor allem Insekten, Spinnentiere, Vögel, Affen und Tiger.

Da es so trocken ist, müssen Tiere und Pflanzen lange ohne Wasser auskommen.

Große Bäume, Sträucher, Schling-pflanzen und jede Menge anderer Pflanzen wachsen dicht an dicht.

▨ gibt es auf verschiedenen Kontinenten rund um den Äquator.

Das ganze Jahr über liegt die Temperatur zwischen 24 °C und 31 °C.

In den Bäumen leben auch viele Affenarten.

3 Lies den Sachtext über die Wüste.

Auf fast allen Kontinenten der Erde gibt es Wüsten. In Wüstengebieten fällt nur sehr wenig Regen. Deshalb sind diese Gebiete sehr trocken. Entgegen seinem Ruf ist das Klima in Wüsten aber nicht durchgehend heiß. Die Sahara ist die größte Wüste der Welt. Sie liegt in Nordafrika. Hier herrschen tagsüber bis zu 60 °C und in der Nacht um die 30 °C. Im Winter kann es nachts jedoch sogar Minusgrade geben.

Die Lebensbedingungen in der Sahara sind sehr hart, trotzdem gibt es Pflanzen und Tiere, die sich an das Leben dort angepasst haben. Sie müssen vor allem lange mit wenig oder ohne Wasser auskommen. Der einzige große Fluss, der die Sahara durchquert, ist der Nil. Viele Wüstenpflanzen überstehen die Trockenzeit als Samen oder speichern Wasser, wie einige Kakteenarten. Ähnlich spezialisiert sind die Wüstentiere: Kamele können auf einmal sehr viel Wasser trinken und es in ihrem Körper speichern.

4 Ordne den Oberbegriffen Stichworte zu.
Erstelle so einen Steckbrief über die Sahara:
Name: …   Lage: …
Klima: …   Temperatur: …
Pflanzen: …   Tiere: …
Besonderheiten: …

5 Mit Oberbegriffen kann man Steckbriefe gut ordnen.
Ordne jedem Thema passende Oberbegriffe zu:
Menschen: Lebensraum, …

Menschen
Länder
Tiere
Pflanzen
Erfindungen

Lebensraum • Einwohnerzahl • Nutzen
Sprache • Währung • Haarfarbe • Feinde
Erfinder • Besonderheiten • Aussehen
Nahrung • Größe • Vermehrung • …

Etwas beschreiben

1 Lies die Beschreibung. Welches Bauwerk ist beschrieben?

Das weltbekannte Gebäude ist das Wahrzeichen von Berlin.
Es ist 26 Meter hoch und 65 Meter breit. Sechs 15 Meter hohe Säulen
lassen fünf Durchgänge frei. Der mittlere Durchgang ist am breitesten.
Auf dem Dach ist eine berühmte Statue, die „Quadriga", aufgestellt.
Die Friedensgöttin Viktoria wird in einer Kutsche von vier Pferden
gezogen. Rechts und links des Tores gibt es Seitenflügel.

Brandenburger Tor (Berlin)

Schiefer Turm (Pisa)

Triumphbogen (Paris)

2 Beschreibe mithilfe der Stichworte
den Schiefen Turm von Pisa: Der …

steht in Pisa (kleiner Ort in Italien) • ein runder Turm • 55 Meter hoch
8 Stockwerke • aus weißem Carraramarmor • fast 900 Jahre alt
oberstes Stockwerk: Glockenstube mit sieben Glocken
unterstes Stockwerk von 15 großen Säulen umrahmt
andere Stockwerke von 30 Säulen umrahmt
in jedem Stockwerk Tür zur Säulengalerie

③ Betrachte das Bild der Tower Bridge von London genau.
Beschreibe die Brücke. Benutze auch die zusätzlichen Informationen:
Die Tower Bridge ist eine Brücke, die über ….

Fluss: Themse • Straßenbrücke • 65 Meter hoch • 244 Meter lang
lässt sich für große Schiffe öffnen • Fußgängerbrücke 43 Meter hoch

④ Was macht eine gute Beschreibung aus?
Schreibe die richtigen Punkte auf:
Bei Beschreibungen helfen mir: …

treffende Adjektive   abwechslungsreiche Verben

passende Fachbegriffe   spannende Ausdrücke

spannend beschriebene   genaue Beschreibungen
Höhepunkte   des Aussehens

Verben in der Gegenwart   Verben in der Zukunft

⑤ Finde für jeden Punkt aus Aufgabe 4 zwei Beispiele
aus Aufgabe 1: treffende Adjektive: weltbekannt, …

Einen Vorgang beschreiben

1. An Bächen und Flüssen wurden früher Getreidemühlen betrieben.
Sieh dir die Zeichnung an. Beschreibe, wie die Wassermühle funktioniert.
Setze dabei die passenden Lückenwörter aus der Zeichnung ein:
Das Wasser des Bachs treibt das …

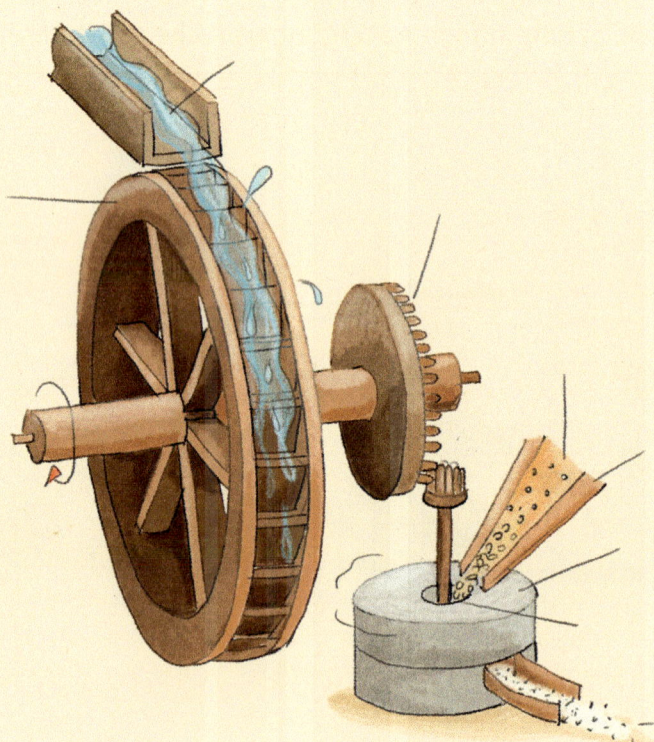

Wasser
Wasserrad
Zahnrad
Getreide
Trichter
Loch
Mahlstein
Mehl

Das ▨ des Bachs treibt das ▨ an.
Eine Antriebswelle überträgt die Drehung auf ein ▨.
Dieses lenkt die Kraft des Wassers um,
weil liegende Mahlsteine das ▨
besser mahlen können.
Aus einem ▨ rieselt das Getreide
durch ein ▨ im oberen Mahlstein.
Der untere ▨ bewegt sich nicht.
Zwischen den beiden Mahlsteinen
werden die Körner zerrieben.
Auf diese Weise wird aus dem Korn ▨.

2 Beschreibe, wie diese Eismaschine funktioniert.
Die Stichworte helfen dir: Die Flüssigkeit aus …

Flüssigkeit aus Sahne, Milch, Früchten und Zucker

Rührschüssel, die durch Kühlakkus gekühlt wird

Kratzarm dreht sich, vermischt Zutaten

Kratzarm schabt Flüssigkeit ab, damit sie nicht am Rand festfriert

Flüssigkeit gefriert langsam, wird zu cremigem Eis

Gibt es auch
ein Jojo-Eis?

3 Suche dir ein Gerät aus. Beschreibe genau, wie es funktioniert.
Oder: Wähle oder erfinde eine eigene Maschine.
- Schreibe kurz und sachlich.
- Verwende Fachbegriffe.
- Beschreibe die Schritte
  eines Vorgangs genau.
- Achte auf die richtige Reihenfolge.

Balkenwaage

Waschmaschine   Tretboot   Salatschleuder

Von Ereignissen berichten

① Suche dir die Sätze aus, die zu den Stichworten passen.
Setze sie zu einem Bericht über das Ereignis zusammen: Im ...

Wo? in Heidelberg
Wann? im April 2011
Wer? junger Elefantenbulle Gandhi
Was? fremder Jungelefant aufgenommen

| Im Heidelberger Zoo gab es aufregende Tage für die Elefantenpfleger. | Denn im April 2011 gab es ein außergewöhnlichen Ereignis. |

Die Zuschauer freuten sich über die gelungene Vorführung.

Der fünf Jahre alte Elefantenbulle Gandhi traf aus Kopenhagen ein.

Zum ersten Mal wurde damit in einem europäischen Zoo ein fremder Jungelefant in eine bestehende Gruppe aufgenommen.

Das Löwenbaby hieß Kimba.

② Wie genau verlief das Ereignis?
Schreibe die Sätze in der richtigen Reihenfolge.

Schon nach kurzer Zeit lebten die Elefanten in einer friedlichen Gruppe beieinander.

Die Tierpfleger fürchteten, dass es dabei zu Streitereien zwischen den Tieren kommen könnte.

Zum Glück lief aber alles problemlos.

Damit ist das Heidelberger Elefantenhaus voll belegt, denn es bietet Platz für vier Tiere.

> Ein Bericht enthält sachliche Angaben:
> *Wer?   Was?   Wann?   Wo?   Wie?   Warum?*
> Er ist immer im Präteritum (1. Vergangenheit) geschrieben.

3 Lies den Bericht. Beantworte die vier W-Fragen in Stichpunkten.
Denke dir die Antwort aus, die im Bericht fehlt:
Wo? ...   Wann? ...   Wer? ...   Was? ...

Am 3. Juni machten wir einen Ausflug in den Zoo.
Als Erstes gingen wir zum neuen Elefantenhaus,
denn ein neuer Elefant war angekommen.
Wir wollten sehen, wie Gandhi
mit den drei anderen Elefanten auskommt.
Auf der Aussichtsplattform konnten wir
die vier Elefanten genau beobachten.
Friedlich suchten sie ihr Futter und spielten.
Alle vier kamen gut miteinander aus.
Nach dem Elefantengehege schauten
wir uns noch viele andere Tierarten an.
Dann mussten wir wieder nach Hause.

4 Schreibe den Bericht ab. Füge dabei an der passenden Stelle
deine ausgedachte Antwort ein.

5 Schreibe nur die richtigen Kennzeichen für einen Bericht auf.

- Berichte geben Antworten auf W-Fragen:
  Wann, wo, wer, was, wie genau ...
- Berichte sind immer spannend geschrieben.
- Berichte sind immer sachlich geschrieben.
- Berichte informieren über etwas,
  das passiert ist oder das jemand erlebt hat.
- Berichte stehen oft in Zeitungen und Zeitschriften.
- Berichte sind immer erfunden.

6 Erinnere dich an ein Ereignis, das du erlebt hast.
Schreibe darüber einen Bericht.

Ein Erlebnis schildern

① Lies den Text. Überlege, an welchen Stellen
du die wörtliche Rede einsetzen kannst.

Ein Erlebnis aus den Ferien

In den Osterferien war meine Tante
mit ihrer Familie zu Besuch.
Meine Cousine und ich verstehen uns sehr gut.

Wir hatten keine Lust, mit spazieren zu gehen.
Wie langweilig! Doch unsere Eltern ließen nicht locker.
Da gingen wir eben mit. Die Erwachsenen unterhielten
sich wie immer und wir sprangen ein ganzes Stück
vor ihnen kreuz und quer durch den Wald.
Plötzlich raschelte es dicht neben uns laut im Gebüsch.
Was war das? Wir blieben erschrocken stehen.

Auf einmal sprang direkt vor uns ein Dachs
aus den Büschen. Er schnupperte, drehte sich um
und lief eilig davon. Das sah lustig aus.
Wir mussten lachen und merkten erst da,
was für einen großen Schreck wir bekommen hatten.

„Was ist denn da?",
flüsterte Rebecca.

Ich stöhnte:
„Bitte nicht!"

„Los, wir drehen
eine Runde", sagte
mein Vater.

„Hoffentlich nichts Gefährliches!",
antwortete ich unsicher.

② Schreibe das Erlebnis auf und baue
an den richtigen Stellen die wörtliche Rede ein:
Ein Erlebnis ...

③ Schau dir die Bilder genau an. Schreibe Lumis Erlebnis auf:
Letzte Woche ging ...

④ Schreibe ein eigenes Ferienerlebnis auf.

- Überleg dir, wer das Erlebnis erzählt.
- Was denken und fühlen die Personen?
- Verwende wörtliche Rede.
- Achte auf die Zeitstufe.
- Verwende treffende Verben und Adjektive.
- Achte auf abwechslungsreiche Satzanfänge.

Höhepunkte ausgestalten

1 Lies den Anfang der Geschichte.

Letzten Samstag ging ich am Nachmittag mit meinem Freund Niklas und seiner Hündin Dura spazieren. „Hol das Stöckchen!", rief ich und warf meinen Stock mitten ins dichte Gebüsch. Dura rannte hinterher und kam nicht mehr heraus. Wir riefen und warteten. Da hörten wir ein Jaulen aus dem Gebüsch. Niklas sah mich an. „Wir müssen nach ihr schauen!", meinte er und schon quetschte er sich zwischen die Sträucher. Ich rannte hinterher. Die Äste zerkratzten mir die Arme, ich kam kaum durch. Dann stand ich plötzlich auf einer kleinen Lichtung.

2 Welcher ist der spannendste Höhepunkt?
Schreibe ihn ab. Unterstreiche die Wörter und Satzteile, die ihn besonders spannend machen.

Auf der Lichtung lag Dura und neben ihr ein Hund, den ich nicht kannte. Ich dachte, dass er Dura packen wollte. „Das ist Wotan", sagte Niklas. „Die beiden spielen immer miteinander." Zusammen flitzten die beiden Hunde über die Lichtung.

Vor mir stand Niklas stocksteif. Mitten auf der Wiese lag Dura und über ihr stand ein riesiger Wolfshund mit struppigem Fell. Er knurrte. Dura winselte wieder. „Gleich wird er sie packen!", fuhr es mir durch den Kopf. Mir zitterten die Knie wie Espenlaub. Ich nahm meinen ganzen Mut zusammen und rief: „Lass Dura los!" Der Wolfshund drehte sich zu mir um. „Jetzt schnappt er mich", dachte ich. Da sah Niklas mich lachend an. „Keine Panik! Das ist Wotan. Die beiden spielen oft miteinander."

Aber wo war Dura? Niklas sah sich suchend um. Auch ich konnte den Hund nirgends entdecken. Niklas rief: „Dura, Dura!" Neben mir im Gebüsch raschelte es plötzlich. Da kam Dura angeflitzt. In ihrem Fell hingen viele Kletten. „Du alter Streuner!", lachte Niklas.

3 Ergänze den Höhepunkt für diese Geschichte.
Die Stichworte können dir helfen.

Als ich neulich nachmittags im Wald unterwegs war,
kam ich an eine verfallene Hütte. Neugierig trat ich ein.
Sie war leer bis auf ein paar merkwürdige Möbelstücke.
Ich schaute mir alles genau an. Plötzlich fiel die Türe
mit einem lauten Schlag zu. Schnell drehte ich mich um.
Da stand eine Frau mit langen, wirren Haaren und
komischen Kleidern. Eine Hexe! Sie wollte mich packen.

„____", kicherte sie

eiskalt

runzlige Hand mit krallen-
artigen Fingernägeln

das Grauen
packte mich

mein letztes Stündlein

sprang in die Ecke

riss mich mit
einem Ruck los

roch ihren
ekligen Atem

4 Schreibe einen Schluss für die Geschichte.

5 Welche Wörter und Sätze machen Geschichten besonders lebendig?
Suche im Lesebuch oder in anderen Büchern interessante und
spannende Stellen. Schreibe dir diese Wörter und Sätze auf.

6 Stelle deine spannendsten Fundstücke einem Partnerkind vor.

Adressatenbezogen schreiben

1 Wem kann man vom Schulfest schreiben?
Schreibe die möglichen Adressaten auf:
Vom Schulfest kann man schreiben: einem …

einem Onkel • einer Tante • der englischen Königin
einem Freund • Zeitungslesern • einer Freundin • Oma
Opa • einem berühmten Schauspieler • dem Nikolaus

2 Kiara schreibt über das Schulfest. Für wen schreibt sie was?
Wähle einen Empfänger und schreibe den passenden Text.
Ergänze die Lücken.

Leser der Klassenzeitung   **Freundin**   **Patentante**

Liebe ,

das Schulfest war echt super! Die Spiele haben Spaß gemacht und
unsere Klasse hat am meisten Sachen verkauft. Bei der Tombola
gab es leider nur Nieten. Das Essen hat sehr lecker geschmeckt.
Es gab Spezialitäten aus ganz vielen Ländern.

Liebe ,

am 26. Mai hat unser diesjähriges Schulfest stattgefunden.
Unser gemeinsames Motto war: Alle Länder dieser Welt. Jede Klasse
hatte einen Stand mit selbst gebastelten Sachen. Die Einnahmen
spendeten wir für einen guten Zweck. Für alle Kinder gab es
verschiedene Angebote mit Spielen aus anderen Ländern. Und viele
Eltern hatten Speisen aus fremden Ländern für ein Buffet mitgebracht.

Liebe ,

gestern waren wir den ganzen Tag lang auf unserem Schulfest.
Das hat richtig Spaß gemacht. Unsere Klasse hat selbst bedruckte
Taschen verkauft. Und weil du meine Patentante bist, haben wir
für dich eine Umhängetasche gekauft, die ich bedruckt habe.
Ich hoffe, sie gefällt dir.

(3) Die Theater-AG hat das Märchen Aschenputtel aufgeführt.
Du warst dabei. Wähle einen Empfänger und schreibe ihm
eine Mitteilung.

guter Freund:

habe mitgespielt • aufgeregt

cooler Auftritt • ich war der Prinz

Zeitungsleser:

am Sonntagabend • Theater-AG der ...-Schule

Aufführung von Aschenputtel • Halle voll besetzt

großartige Kulissen • viel Beifall

Brief an Tante:

gestern Abend • Theater-AG • sehr aufgeregt

viele Zuschauer • zwischendurch Text vergessen

am Ende viel Beifall • stolz, erleichtert

(4) Was musst du für unterschiedliche Empfänger beachten?
Ordne zu. Manches passt für mehrere Empfänger:
Freund oder Freundin: ...

Freund oder
Freundin

 Mama
oder Papa

Experten, die man
um Informationen bittet

 Zeitungsleser

Geschichtenleser

– mit du anreden

– Höflichkeitsanrede

– spannend schreiben

– sachlich berichten

– unterhaltsam berichten

– locker oder cool klingen

– auf eine sinnvolle
Reihenfolge achten

Bitten formulieren

① Welche Sätze sind eine höflich formulierte Bitte?
Schreibe nur diese Sätze ab: Könnte ich ...

Könnte ich bitte noch etwas zu trinken haben?

Hast du Zeit, mir heute Nachmittag die Hausaufgaben zu erklären?

Durst!

Du musst mir bei den Hausaufgaben helfen.

Darf ich noch eine halbe Stunde länger aufbleiben?

Darf ich bitte deinen Ball ausleihen?

Ich will heute noch länger aufbleiben!

Gib endlich her!

② Schreibe zu jedem Bild eine höfliche Bitte auf:
1. Könnte ich ...

Könnte ich ...

Darf ich ...

Bitte ...

Würdest du ...

(3) Deine Klasse plant einen Ausflug in einen Freizeitpark.
Ihr braucht Informationen zu Öffnungszeiten und Eintrittspreisen.
Schreibe einen Brief oder eine E-Mail. Wähle die passenden Stichworte.

sehr geehrte Damen und Herren
liebe Frau Leitner

hallo, wir brauchen …
wir planen am … einen …

machen Sie schnell
wären Sie so freundlich

können Sie uns auch mitteilen
wir müssen wissen

mit freundlichen Grüßen
dein Freund

(4) Finde zu jedem Stichwort die Szene im Bild. Schreibe
dazu jeweils eine höfliche Bitte und eine unhöfliche
Aufforderung. Formuliere passende Redebegleitsätze.

abgeben   ausleihen   mitspielen

Platz machen   Schuhe zubinden

Zusammenfassungen

1 Lies den Text. In welchen Gang ist Joe geflüchtet?

Polizeichef Stoller ruft Kommissar Maroni an:
„Joe Motzer ist aus dem Gefängnis abgehauen!
Er ist in Richtung alte Kohlengruben geflüchtet.
Können Sie mit Ihrem Hund die Fährte aufnehmen?"
Kurz danach ist Maroni mit seinem Hund Schnüff
auf dem Weg zur alten Kohlengrube. Unterwegs hat
Joe Motzer seine gestreifte Sträflingsmütze verloren.

Schnüff riecht kurz daran, dann nimmt er Joes Fährte auf. Die Spur führt
tatsächlich direkt zur Grube. Maroni und Schnüff zwängen sich durch die
schwere, halb geöffnete Eisentür. Sie stehen in der stillgelegten Grube.
„Ein richtiges Labyrinth!", murmelt Maroni. „Joe muss in einen dieser
Stollen geflüchtet sein. Los, Schnüff! Zeig mir den Weg." Der Hund
kläfft freudig und beginnt bei jedem Stolleneingang, nach Joes Fährte
zu schnüffeln. Aber erfolglos, er kann sie nicht finden. Mit eingezogenem
Schwanz kehrt er zu Maroni zurück. Doch der lächelt nur: „Ist schon klar,
Schnüff. Ich weiß, in welchen Stollen Joe geflüchtet ist." *Jürg Obrist*

2 Wähle die beste Zusammenfassung und schreibe sie ab.
Die grünen Textteile helfen dir.

Maroni ist mit Polizeichef Stoller sehr gut befreundet. Deshalb hilft ihm
Maroni mit seinem Hund Schnüff gerne bei der Arbeit. Dieses Mal
wollen sie einen entlaufenen Sträfling fangen. Schon nach kurzer Zeit
haben sie ihn gefunden. Stoller übergibt Maroni eine Ehrenmedaille.

Maroni hilft Polizeichef Stoller, einen entlaufenen Sträfling zu fangen.
Er findet dessen Mütze und nimmt mit seinem Hund Schnüff
die Verfolgung auf. In der alten Kohlengrube verliert Schnüff die Spur.

Kommissar Maroni ermittelt wieder einmal in einem schwierigen Fall.
Er sucht verschwundene Diamanten und reist dafür mit seinem
Hund Schnüff sogar nach Amerika. Leider ohne Erfolg.

③ Lies den Text. Was hat Sergeant Miller entdeckt?

Es ist ein nebliger Abend in London. Sergeant Miller und sein
Kollege Sergeant Woods sind in ihrem Revier unterwegs. Sie sollen
ein Auge auf die Juwelierläden und Uhrengeschäfte haben,
denn in der letzten Zeit ist es zu mehreren Einbrüchen gekommen.
Allerdings kann man kaum die Hand vor den eigenen Augen erkennen.
Plötzlich hören sie ein leises Klirren. Was ist los?
Sie rennen um die Ecke und sehen das rote Licht
einer Alarmanlage leuchten. Ein Mann im Anzug
und eine Frau kommen auf sie zu. Die beiden
gehören offensichtlich nicht zusammen.
„Bleiben Sie stehen!", befiehlt Woods.
„Was haben Sie bei dem Laden gesehen,
bei dem jetzt die Alarmanlage blinkt?"
„Also hören Sie!", beschwert sich der Mann. „Ich muss
dringend nach Hause und habe gar nichts mitbekommen."
Die Frau meint: „Da hat wohl jemand das Schaufenster
eingeschlagen. Ich weiß aber nicht, wer das war.
Mich interessieren diese Geschäfte auch nicht!"
Sergeant Miller betrachtet die beiden genau.
Keiner hat eine Tasche dabei. Dann fragt er:
„Ach, sagen Sie, wie spät ist es denn jetzt genau?"
Der Mann und die Frau sehen auf ihre Armbanduhren.
Darauf sagt Miller: „Meine Dame, Sie sind festgenommen!
Ihnen, mein Herr wünsche ich einen guten Nachhauseweg.

④ Fasse den Text knapp zusammen. Die Markierungen helfen dir.

⑤ Suche dir selbst einen Text, zum Beispiel aus einem Lesebuch.
Schreibe eine Zusammenfassung.

Diagramme

1 In der Altdorfer Schule probierten 389 Kinder und Jugendliche aus, wie eine Wahl funktioniert. Betrachte die Ergebnisse. Schreibe nur die richtigen Aussagen des Nachrichtensprechers auf.

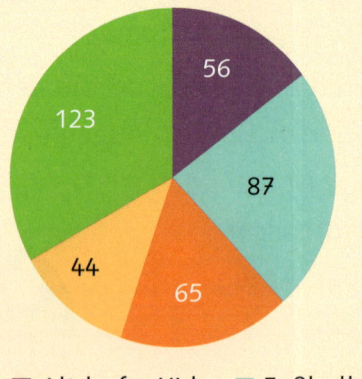

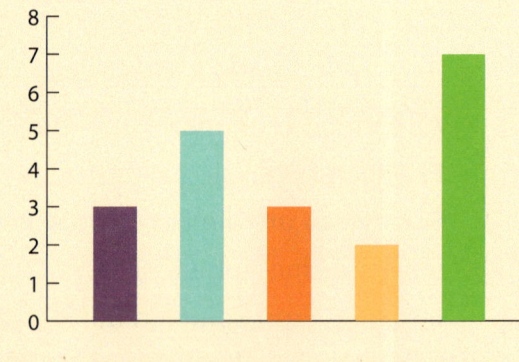

■ Altdorfer Kids ■ Fußballer ■ Naturfreunde ■ Spieler ■ Tierfans

Stimmenanzahl
pro Gruppierung

Versammlungsmitglieder
pro Gruppierung

Am meisten Stimmen erhielten die Fußballer.

375 Schülerinnen und Schüler gaben ihre Stimme ab.

Drei Mitglieder der Naturfreunde wurden in die Versammlung gewählt.

Die Tierfans haben am meisten Mitglieder in der Versammlung.

Die Versammlung hat insgesamt 23 Mitglieder.

Die Spieler erhielten die wenigsten Stimmen.

Alle Schülerinnen und Schüler haben gewählt.

Die Altdorfer Kids haben genauso viele Mitglieder in der Versammlung wie die Naturfreunde.

Die Tierfans erhielten weniger Stimmen als die Fußballer.

(2) Dies sind die Ergebnisse der Landtagswahl 2016 in Baden-Württemberg.
Alle abgegebenen Stimmen zusammen sind 100 Prozent.
Schreibe Sätze auf, wie die Parteien abgeschnitten haben:
Die FDP bekam 8,3 Prozent der Stimmen.
Die Linke erhielt weniger Stimmen als die Grünen.

die meisten Stimmen • die wenigsten Stimmen
mehr Stimmen als • weniger Stimmen als

Landtagswahl Baden-Württemberg 2016

Grüne — 30,3
CDU — 27,0
AfD — 15,1
SPD — 12,7
FDP — 8,3
Linke — 2,9
Sonstige — 3,7

(3) Vor der Landtagswahl fand eine Jugendwahl statt.
13 000 Kinder und Jugendliche nahmen daran teil.
Vergleiche diese Ergebnisse mit denen der echten Wahl:
Bei der Jugendwahl erhielt … Stimmen als …

Jugendwahl Baden-Württemberg 2016

Grüne — 25,8
CDU — 26,1
AfD — 6,9
SPD — 18,4
FDP — 5,0
Linke — 4,9
Sonstige — 13,1

Texte überarbeiten 1

① Lies die Geschichte. Was fällt dir auf?

Der schöne Besuch im Zoo

Lara war gestern zum ersten Mal alleine im Zoo.

Lara fuhr mit der Straßenbahn bis zur Haltestelle „Tiergarten".

Lara überquerte die große Straße an der Ampel.

Dann bezahlte Lara an der Kasse

und schon war Lara bei den Tieren. Die Ziegen meckerten.

Lara gab ihnen ihre leckeren Vitaminbonbons.

Danach ging Lara zu den Affen.

Lara schaute ihnen zu. Da tobte ein großer Affe herum.

Der große Affe warf einen Ast durch die Gitterstäbe.

Er traf Lara beinahe am Kopf. Da ging Lara lieber weiter ...

② In der Geschichtenlupe findest du Hinweise,
wie man die Geschichte verbessern kann.
Schreibe die verbesserte Geschichte auf.

Geschichtenlupe

Das ist mir aufgefallen	Meine Verbesserungsvorschläge
Fast alle Sätze fangen mit Lara an.	• Benutze ab und zu Pronomen. Schreibe sie statt Lara. • Verbinde den zweiten und dritten Satz mit und, dann musst du nicht zweimal mit sie oder Lara beginnen.
Man darf die Ziegen nicht mit Süßigkeiten füttern.	• Schreibe doch so: Lara kaufte sich Futter am Automaten. Die Ziegen fraßen ihr aus der Hand.
Die Stelle mit den Affen kann man verbessern.	• Ein großer Affe tobte besonders wild herum. Er warf einen Ast ...

③ Lies die Geschichte. Findest du sie spannend geschrieben?

Seltsamer Besuch

Am Samstag durfte Jakob mit Grischa im Zelt *1 übernachten.
Jakob und Grischa waren richtig stolz, als das Zelt endlich stand.
Dann versorgten sich Jakob und Grischa mit Getränken,
Taschenlampen und etwas zum Knabbern.
Dann schlüpften Jakob und Grischa in die Schlafsäcke.
Jakob las in seinem Witzebuch. Dann hörte Jakob ein Geräusch. *2
Jakob hörte im Gebüsch etwas rascheln. Grischa schaute aus dem Zelt.
Grischa knipste die Taschenlampe an ...

④ Verbessere die Geschichte.
Benutze Pronomen.

*1: Wo bauen die beiden das Zelt auf?

Benutze einen
anderen Satzanfang.

*2: Erzähle diese Stelle etwas ausführlicher.
Vielleicht reden die Jungen miteinander.

⑤ Schreibe für die Geschichte einen Schluss.

⑥ Nimm eine von dir geschriebene Geschichte.
Besprich sie mit zwei Partnerkindern in einer Schreibkonferenz.

Partnerkind 1 ist der Inhalts- oder Verständnisexperte. Es fragt:
- Hat die Geschichte einen roten Faden?
- Verstehe ich etwas bei der Geschichte nicht?
- Gibt es Fehler?

Partnerkind 2 ist der Ausdrucksexperte. Es fragt:
- Welche Wörter und Sätze sind besonders gut gelungen?
- Gibt es Wortwiederholungen?
- Sind die Satzanfänge interessant?
- Kann ich einzelne Wörter durch bessere Wörter ersetzen?

Texte überarbeiten 2

1 Lies die Überarbeitungstipps.

> Bevor ich einen Text überarbeite, lasse ich ihn einige Zeit liegen und schaue ihn mir dann wieder an. So fallen mir Stellen, die nicht gut gelungen sind, eher auf.

Ich achte auf abwechslungsreiche Satzanfänge. **W**

Ich tausche bei Wortwiederholungen Wörter aus. **W**

Ich überprüfe, ob ich manche Ausdrücke durch passendere oder bessere Ausdrücke ersetzen kann. **A**

Ich vergleiche die Verben: Sie sollen alle in der richtigen Zeitform stehen. **Z**

Ich überlege, ob etwas Wichtiges fehlt. Ich ergänze die Stellen, die nicht genau genug beschrieben sind. **A**

Ich achte auf die Rechtschreibung. **R**

2 Überarbeite den Text. Achte dabei auf die angesprochenen Punkte.

Letzten Freitag haben wir uns in der Schule zu einer	
Lesnacht getroffen. Unsere Lehrerin hat mit uns das	R
Klassenzimmer ausgeräumt. Dann hat unsere Lehrerin	W
mit uns die Schlafplätze eingerichtet. Dann haben wir	W, W
erst mal Spiele in der Turnhalle gemacht. Das Detektivspiel	A
hat allen am meisten Spas gemacht. Im Klassenzimmer	R
hatten wir Würstchen. Um 10 Uhr müssen wir in die	A, Z
Schlafsäcke. Wir durften aber noch so lange lesen,	
wie wir wolten. Ich lese meine Rätselkrimis. Erst um	R, Z
ein Uhr bin ich eingeschlafen. Morgens haben wir alle	
gemeinsam gefrüstückt.	R

Wer ist uns?   Wer hat das Frühstück gemacht?

(3) So kann man einen Text verbessern.
Lies die Überarbeitungstipps.

Du kannst Sätze umstellen:
Ich gehe heute ins Kaufhaus.
Heute gehe ich ins Kaufhaus.

Du kannst Wörter ersetzen:
… sagte Fridolin.
… rief Fridolin.

Du kannst Sätze ergänzen:
Mir gefiel das Gehege der Affen.
Mir gefiel das neue Gehege der Affen,
in dem sie viel mehr Platz hatten.

Manchmal musst du
auch ganz neue Sätze
einfügen. Vielleicht
auch wörtliche Rede.

(4) Überarbeite den folgenden Text. Wende die Tipps an.

Wir gingen gestern ins Schulmuseum.
Wir lernten bei unserem Besuch kennen,
wie die Schule in früheren Zeiten war.
Wir lauschten einem älteren Mann.
Der ältere Mann erzählte uns von früher.
Die Lehrer waren immer sehr streng.
Die Kinder saßen in Holzbänken.
Die Kinder schrieben mit Feder und Tinte.
Oder mit einem Griffel auf einer kleinen Tafel.
Im alten Klassenzimmer hingen alte Bilder
von Tieren und Pflanzen an der Wand.
Wir staunten, dass früher so viele Kinder
in einer einzigen Klasse waren.
Dann gingen wir wieder nach Hause.

(5) Auf was kann man achten, wenn man einen Text überarbeiten will?
Schreibe mindestens acht Punkte auf, die du wichtig findest:
Diese Punkte beachte ich, wenn ich einen Text überarbeite:
1. …

Wörterliste

A/a

- der Aal (M), die Aale
- der Abend (→),
  die Abende (ϟ)
  abends (M)
- der Abfall (→),
  die Abfälle (ϟ)
  achten (~), er achtete
- das Adjektiv (M),
  die Adjektive
- der Advent, (M),
  die Advente
  ähnlich (M)
  aktiv (M)
  alle (~)
  allein (~)
  alt (~)
  andere (~)
  ändern (ϟ), sie änderte
  anders (~)
- der Anfang (~),
  die Anfänge (ϟ)
- die Angst (~),
  die Ängste (ϟ)
  ängstlich (ϟ)
  anpreisen (~),
  sie pries an (~)
  anschließend (M)
- der Anschluss (→),
  die Anschlüsse (~)
- die Antwort (~),
  die Antworten
  antworten (~),
  sie antwortete (~)

anziehen (~),
sie zog an (→)
- der Apfel (~), die Äpfel (ϟ)
- der April (~)
- die Arbeit (~), die Arbeiten
  arbeiten (~),
  er arbeitete
- der Ärger (M)
  ärgern (M),
  sie ärgerte (M)
- der Arzt (~), die Ärzte (ϟ)
- die Ärztin (ϟ),
  die Ärztinnen (~)
- der Ast (~), die Äste (ϟ)
  aufführen (M),
  er führte auf
  aufpassen (~),
  sie passte auf
  aufräumen (ϟ),
  sie räumte auf
  aufwachsen (M),
  sie wuchs auf (M)
  aufwecken (~),
  sie weckte auf (→)
- der August (~)
  ausdrucken (~),
  er druckte aus (→)
  auseinander (~)
  ausreißen (M),
  sie riss aus (→)
  außen (M)
  außer (M)
  außerdem (M)
- das Auto (~), die Autos

B/b

backen (~),
sie backte (→)
- das Bad (→), die Bäder (ϟ)
- die Bahn (M), die Bahnen
  bald (M)
- der Ball (→), die Bälle (ϟ)
- das Band (→),
  die Bänder (ϟ)
- die Bank (~), die Bänke (ϟ)
  barfuß (M)
  basteln (~), sie bastelte
  bauen (~), sie baute
- der Bauer (~), die Bauern
- der Baumstamm (→),
  die Baumstämme (ϟ)
- das Becken (~), die Becken
  bedeuten (~),
  es bedeutete
- die Beere (M), die Beeren
- das Beet (M), die Beete
  befreien (~),
  sie befreite
  begegnen (→),
  sie begegnete
  beginnen (~),
  er begann (→)
  beide (~)
  beinahe (~)
- das Beispiel (~),
  die Beispiele
  beißen (M), er biss (→)
  bekannt (→)
  beleidigen (~),
  sie beleidigte (→)

benutzen,
er benutzte
beobachten,
sie beobachtete
bequem
bereits
bereiten,
er bereitete
• der Berg, die Berge
• der Bericht, die Berichte
• der Beruf, die Berufe
berühmt
besorgen,
sie besorgte
besser
am besten
• der Besuch, die Besuche
besuchen,
er besuchte
betrachten,
sie betrachtete
• das Bett, die Betten
bevor
bewegen,
sie bewegte
biegen, sie bog
• das Bild, die Bilder
billig
bisschen
bitten, sie bat
blasen, er blies
• das Blatt, die Blätter
blau
blicken,
sie blickte
blind
• der Blitz, die Blitze
blitzen, es blitzte

• der Block, die Blöcke
bloß
blühen,
sie blühte
• der Boden, die Böden
bohren, er bohrte
• das Boot, die Boote
• der Brand,
die Brände
• die Brandstelle,
die Brandstellen
brauchen,
sie brauchte
braun
brav
brechen,
er brach,
breit
bremsen,
sie bremste
brennen,
es brannte
• das Brett, die Bretter
• der Brief, die Briefe
• die Brille, die Brillen
bringen,
er brachte
• das Brot, die Brote
• die Brücke, die Brücken
• der Bruder, die Brüder
• das Buch, die Bücher
• die Büchse, die Büchsen
bücken,
er bückte sich
• die Bühne, die Bühnen
• die Burg, die Burgen
• der Bus, die Busse
• die Butter

C/c
• die Chance,
die Chancen
chatten,
sie chattete
• der Chef, die Chefs
• die Chefin,
die Chefinnen
• der Chor, die Chöre
• der Clown, die Clowns
• der Comic, die Comics
• der Computer,
die Computer

D/d
• die Dämmerung
danach
danken, sie dankte
dann
darauf
daraus
darüber
darum
davon
decken,
er deckte
denken,
sie dachte
denn
deshalb
deutlich
deutsch
Deutschland
• der Dezember
dicht
dick
dienen, er diente

dir (M)

donnern (~),
es donnerte

doppelt (~)

dort (~)

• der Draht (M),
die Drähte (✦)

drängeln (✦),
sie drängelte

draußen (M)

• der Dreck (→)

dreckig (→)

drehen (~),
er drehte (→)

dreißig (M)

drohen (~),
sie drohte (→)

drucken (~),
er druckte (→)

dumm (→)

dunkel (~)

dünn (→)

durch (~)

dürfen (~), er darf (~),
er durfte (~)

• der Durst (~)

E/e

• die Ecke (~), die Ecken

ehrlich (M)

eigene (~)

eigentlich (~)

• der Einfluss (→),
die Einflüsse (~)

einige (~)

einmal (~)

• der Einwohner (M),
die Einwohner

einzeln (~)

• das Eis (~)

elektrisch (~)

• die Eltern (~)

empfangen (~),
er empfing (~)

empfinden (~),
sie empfand (→)

• das Ende (~), die Enden

endlich (M)

eng (~)

entdecken (~),
sie entdeckte (→)

• die Entfernung (→),
die Entfernungen

entgegen (~)

entlang (~)

entschuldigen (~),
er entschuldigte (→)

entstehen (~),
es entstand (→)

entwickeln (~),
er entwickelte

• die Erde (~)

ergänzen (✦),
sie ergänzte

• das Ergebnis (→),
die Ergebnisse (~)

erinnern (~),
er erinnerte

erkältet (✦)

erklären (✦), er erklärte

• die Erlaubnis (→)

erleben (~), sie erlebte

• das Erlebnis (→),
die Erlebnisse (~)

ernähren (M) (✦),
sie ernährte

ernst (~)

• die Ernte (~), die Ernten

ernten (~), er erntete

erreichen (~),
er erreichte

erschrecken (~),
sie erschrak (~),

erste (~)

erwarten (~),
sie erwartete

erzählen (M) (✦),
sie erzählte

essen (~), er isst (→),
er aß (M)

etwas (~)

euch (~)

euer (~)

Europa (~)

F/f

• die Fabrik (M), die Fabriken

fahren (M), sie fuhr (M)

• das Fahrrad (M),
die Fahrräder (✦)

• die Fahrt (M), die Fahrten

fair (M)

fallen (~), er fiel (~)

falsch (~)

• die Familie (M),
die Familien

fangen (~), sie fing (~)

• das Fass (→), die Fässer (✦)

fassen (~), er fasste (→)

• der Februar (~)

fehlen (M), sie fehlte

• der Fehler (M), die Fehler

• die Feier (~), die Feiern

feiern (~), er feierte

der Feind, die Feinde
das Feld, die Felder
das Fenster, die Fenster
die Ferien
das Fernsehen
fernsehen,
er sah fern
fertig
fest
das Fest, die Feste
fett
feucht
das Feuer, die Feuer
die Feuerwehr,
die Feuerwehren
finden, er fand
der Fisch, die Fische
flach
die Fläche, die Flächen
die Flamme,
die Flammen
die Fledermaus,
die Fledermäuse
der Fleiß
fleißig
fliegen, sie flog
fliehen, er floh
fließen, es floss
der Flohmarkt,
die Flohmärkte
der Fluss, die Flüsse
flüssig
flüstern, er flüsterte
das Fohlen, die Fohlen
forschen,
sie forschte
fort
die Frau, die Frauen

die Freiheit,
die Freiheiten
fremd
fressen, es fraß
freuen,
sie freute sich
der Freund,
die Freunde
die Freundin,
die Freundinnen
der Frieden
frieren, er fror
frisch
froh
fröhlich
der Frosch, die Frösche
früh
der Frühling
fühlen, sie fühlte
führen, sie führte
füllen, er füllte
die Furcht
fürchten,
er fürchtete
der Fuß, die Füße
das Futter

G/g
ganz
das Gebäude,
die Gebäude
geben, er gibt,
er gab
geboren
der Geburtstag,
die Geburtstage
die Gefahr,
die Gefahren

gefährden,
es gefährdet
gefährlich
gefallen,
er gefiel
das Gefäß, die Gefäße
geheim
das Geheimnis,
die Geheimnisse
gehen, sie ging
gelb
das Geld, die Gelder
gelingen,
es gelang
gemeinsam
das Gemüse
genau
genug
genügend
das Gerät, die Geräte
gern
das Geschäft,
die Geschäfte
das Geschenk,
die Geschenke
das Gesetz,
die Gesetze
das Gesicht,
die Gesichter
gesund
das Getreide
das Gewässer,
die Gewässer
gewinnen,
er gewann
das Gewitter,
die Gewitter
gießen, es goss

glänzen (ϟ), sie glänzte

• das Glas (~), die Gläser (ϟ)

glatt (↗)

glauben (~),
er glaubte (↗)

gleich (~)

• das Glück (↗)

glücklich (↗)

glühen (~),
es glühte (↗)

• der Gott (↗), die Götter (~)

graben (~), sie grub (↗)

• das Gras (~), die Gräser (ϟ)

greifen (~), sie griff

• die Grenze (~),
die Grenzen

groß (M)

großartig (M)

• die Großeltern (M)

grün (~)

• der Grund (↗),
die Gründe (~)

• der Gruß (M), die Grüße

grüßen (M), sie grüßte

gucken (~),
er guckte (↗)

gut (~)

H/h

• das Haar (M), die Haare

haben (~), er hat

• der Haken (~), die Haken

• die Halle (~), die Hallen

halten (~), sie hielt (~)

handeln (~),
er handelte

• das Handy (M), die Handys

hängen (ϟ), es hing (~)

hart (~)

häufig (ϟ) (↗)

• das Haus (~), die Häuser (ϟ)

• die Haut (~), die Häute (ϟ)

heben (~), sie hob (↗)

• das Heft (~), die Hefte

heiß (M)

heißen (M), er hieß (M)

• die Heizung (ϟ),
die Heizungen

helfen (~), sie half (~)

heraus (~)

• der Herbst (M)

herein (~)

• der Herr (↗), die Herren (~)

• das Herz (~), die Herzen

hetzen (~),
sie hetzte (↗)

• das Heu (~)

heulen (~), er heulte

heute (~)

hier (~)

• die Hilfe (~), die Hilfen

hinaus (~)

hinein (~)

• die Hitze (~)

• das Hobby (M), die Hobbys

hoch (~), höher (~),
höchste (M)

• der Hof (~), die Höfe

hoffen (~), sie hoffte (↗)

hoffentlich (~)

• die Höhe (~), die Höhen

hohl (M)

• die Höhle (M), die Höhlen

holen (~), er holte

hören (~), er hörte

• die Hülle (~), die Hüllen

• der Hunger (~)

• die Hütte (~), die Hütten

I/i

• die Idee (M), die Ideen

ihm (M)

ihn (M)

ihnen (M)

ihr (M)

immer (~)

impfen (~), er impfte

• die Information (M),
die Informationen

ins (~)

interessant (M)

• das Internet (~)

• das Interview (M),
die Interviews

J/j

• die Jacke (~), die Jacken

• der Jäger (ϟ), die Jäger

• das Jahr (M), die Jahre

jährlich (ϟ)

• der Januar (~)

jeder (~)

jemand (↗)

jetzt (M)

• der Juli (M)

• der Junge (~), die Jungen

• die Jugend (M)

• der Juni (M)

K/k

• der Kaffee (M)

kahl (M)

kalt (~)

• die Kälte (ϟ)

der Kamm, die Kämme
kämmen, sie kämmte

die Kammer, die Kammern

der Kampf, die Kämpfe
kämpfen, er kämpfte

die Kanne, die Kannen
kaputt

die Karte, die Karten

die Kartoffel, die Kartoffeln

die Katze, die Katzen
kehren, sie kehrte
kein
kennen, er kannte

die Kerze, die Kerzen

die Kette, die Ketten

die Kiefer, die Kiefern

der Kilometer, die Kilometer

das Kind, die Kinder

der Kiosk, die Kioske
kippen, es kippte

die Kirche, die Kirchen
klappen, es klappte
klar

die Klasse, die Klassen
klatschen, sie klatschte
kleben, er klebte

das Kleeblatt, die Kleeblätter

das Kleid, die Kleider
klein
klettern, er kletterte
klopfen, sie klopfte
knacken, es knackte
knallen, sie knallte
knicken, er knickte
knistern, es knisterte
kommen, sie kam
können, er konnte
kontrollieren, sie kontrollierte
krabbeln, es krabbelte

die Kraft, die Kräfte
kräftig
krank

der Kranz, die Kränze

der Kreis, die Kreise

das Kreuz, die Kreuze
kriechen, er kroch

der Krieg, die Kriege
krumm
kühl
kümmern, sie kümmerte sich
kurz

L/l

lachen, er lachte

das Land, die Länder
lang
langsam

der Lärm
lassen, sie ließ

das Laub

der Laubfrosch, die Laubfrösche
laufen, er lief
laut
leben, sie lebte

das Leben
lecken, er leckte
leer
legen, er legte

der Lehrer, die Lehrer

die Lehrerin, die Lehrerinnen
leicht
leiden, er litt
lesen, sie las
letzte
leuchten, es leuchtete

die Leute

das Lexikon, die Lexika

das Licht, die Lichter
lieben, sie liebte

das Lied, die Lieder
liegen, er lag

das Lineal, die Lineale

die Linie, die Linien
links

die Liste, die Listen

- das Loch ◯, die Löcher
  locker ◯
- der Löffel ◯, die Löffel
- der Lohn ◯, die Löhne
  löschen ◯, er löschte
  lösen ◯, sie löste
- die Luft ◯, die Lüfte
  lügen ◯, er log ◯
  lustig ◯

M/m

- das Mädchen ◯,
  die Mädchen
- der Magnet ◯,
  die Magnete
  mahlen ◯, sie mahlte
- der Mai ◯
  mailen ◯, sie mailte
  malen ◯, er malte
  man ◯
  manche ◯
  manchmal ◯
- der Mann ◯,
  die Männer ◯
- die Mannschaft ◯,
  die Mannschaften
- der Marathon ◯,
  die Marathons
- der März ◯
- die Maschine ◯,
  die Maschinen
- das Maß ◯, die Maße
- das Meer ◯, die Meere
- das Mehl ◯
  mehr ◯
  am meisten ◯
  meistens ◯

  melden ◯,
  sie meldete
- die Menge ◯, die Mengen
- der Mensch ◯,
  die Menschen
  messen ◯, sie maß ◯
- das Messer ◯, die Messer
- die Miete ◯, die Mieten
  mieten ◯, er mietete
- die Milch ◯
  mild ◯
  mir ◯
  miteinander ◯
- der Mittag ◯,
  die Mittage ◯
  mittags ◯
- die Mitte ◯
  mixen ◯, er mixte
  er möchte ◯
- das Moor ◯, die Moore
- das Moos ◯, die Moose
  morgen ◯
- der Morgen ◯,
  die Morgen
  morgens ◯
- der Motor ◯, die Motoren
  müde ◯
- der Muffin ◯, die Muffins
- die Mühe ◯, die Mühen
- der Müll ◯
- die Musik ◯
  müssen ◯,
  er musste ◯
- der Mut ◯
  mutig ◯
- die Mutter ◯, die Mütter
- die Mütze ◯, die Mützen

N/n

- der Nachbar ◯,
  die Nachbarn
  nächste ◯
  nachts ◯
  nackt ◯
  nah ◯
- die Nähe ◯
  nähen ◯, sie nähte ◯
- die Nahrung ◯
  nämlich ◯
  nass ◯
- die Natur ◯
  natürlich ◯
  neben ◯
  nehmen ◯,
  er nahm ◯
  nennen ◯,
  sie nannte ◯
  nett ◯
- das Netz ◯, die Netze ◯
  neu ◯
  neugierig ◯
  nicht ◯
  nichts ◯
  niedlich ◯
  niedrig ◯
  niemals ◯
  niemand ◯
- der Nordpol ◯
- die Not ◯, die Nöte
- der November ◯
- die Nuss ◯, die Nüsse ◯
  nutzen ◯,
  er nutzte ◯
  nützlich ◯

O/o

ob Ⓜ
oben Ⓦ
- das Obst Ⓜ
offen Ⓦ
ohne Ⓜ
- das Ohr Ⓜ, die Ohren
- der Oktober Ⓦ
- der Onkel Ⓦ, die Onkel
ordentlich Ⓦ
ordnen Ⓜ, sie ordnete
- die Ordnung Ⓜ
organisieren Ⓦ,
er organisierte

P/p

- das Paar Ⓜ, die Paare
paar Ⓜ
- das Päckchen Ⓕ,
die Päckchen
packen Ⓦ,
sie packte ⤳
- das Paket Ⓦ, die Pakete
- das Papier Ⓦ, die Papiere
- der Park Ⓦ, die Parks Ⓜ
- der Pass ⤳, die Pässe Ⓕ
passen Ⓦ,
es passte ⤳
passieren Ⓦ,
es passierte
- der Patient Ⓜ,
die Patienten
pfeifen Ⓦ, sie pfiff ⤳
- das Pferd ⤳, die Pferde Ⓦ
- die Pflanze Ⓦ,
die Pflanzen

pflanzen Ⓦ,
er pflanzte
- das Pflaster Ⓦ, die Pflaster
pflegen Ⓦ,
er pflegte ⤳
pflücken Ⓦ,
sie pflückte ⤳
- die Pfütze Ⓦ, die Pfützen
- das Picknick ⤳,
die Picknicke
- der Pilz Ⓦ, die Pilze
- die Pinnwand ⤳,
die Pinnwände Ⓕ
- der Platz ⤳, die Plätze Ⓕ
plötzlich Ⓜ
- der Polizist Ⓦ,
die Polizisten
pressen Ⓦ,
er presste ⤳
prima Ⓜ
- die Probe Ⓦ, die Proben
probieren Ⓦ,
sie probierte
- das Produkt Ⓦ,
die Produkte
- das Programm ⤳,
die Programme Ⓦ
- die Prüfung Ⓦ,
die Prüfungen
- der Pullover Ⓜ,
die Pullover
- der Punkt Ⓦ, die Punkte
putzen Ⓦ, er putzte ⤳
- die Pyramide Ⓜ
die Pyramiden

Qu/qu

quälen Ⓕ, sie quälte
- der Qualm Ⓦ
qualmen Ⓦ,
es qualmte
quaken Ⓦ, er quakte
- der Quark Ⓦ
- die Quelle Ⓦ, die Quellen
quer Ⓦ
- das Quiz Ⓜ, die Quizze Ⓜ

R/r

- das Rad ⤳, die Räder Ⓕ
- das Radio Ⓜ, die Radios
- die Radtour Ⓜ,
die Radtouren
- der Rauch Ⓦ
- der Raum Ⓦ,
die Räume Ⓕ
- das Recht Ⓦ, die Rechte
rechts Ⓜ
reden Ⓦ, er redete
- die Regel Ⓦ, die Regeln
regelmäßig Ⓕ Ⓜ
- der Regen Ⓦ
regnen ⤳, es regnete
- das Reh ⤳, die Rehe Ⓦ
- die Reihe Ⓦ, die Reihen
reißen Ⓜ, sie riss ⤳
rennen Ⓦ, er rannte ⤳
- der Rest Ⓦ, die Reste
richtig ⤳
riechen Ⓦ, er roch Ⓦ
- der Riss ⤳, die Risse Ⓦ
rot Ⓦ
rücken Ⓦ,
sie rückte ⤳

157

der Rückweg,
die Rückwege
die Ruhe
ruhen, er ruhte
ruhig
rühren, sie rührte

S/s

der Saal, die Säle
die Saat, die Saaten
die Sache, die Sachen
der Sack, die Säcke
sagen, sie sagte
sie sah
der Samen, die Samen
sammeln,
er sammelte
der Sand, die Sande
der Satz, die Sätze
der Schaden,
die Schäden
schädlich
schaffen,
er schaffte
die Schale, die Schalen
schälen, er schälte
schalten,
sie schaltete
scharf
der Schatz,
die Schätze
scheinen,
sie schien
scheu
schicken,
sie schickte
schieben,
er schob

schief
schießen,
sie schoss
das Schiff,
die Schiffe
das Schild,
die Schilder
schlafen,
er schlief
schlagen,
sie schlug
schließen,
er schloss
schließlich
schlimm
der Schluss,
die Schlüsse
schmecken,
es schmeckte
der Schmerz,
die Schmerzen
der Schmutz
schmutzig
der Schnee
schnell
schön
schräg
der Schrank,
die Schränke
der Schreck
schreien,
er schrie
die Schrift, die Schriften
der Schuh,
die Schuhe
die Schüssel,
die Schüsseln
der Schutz

schützen,
sie schützte
schwarz
schweigen,
sie schwieg
schwer
schwierig
schwimmen,
er schwamm
schwitzen,
sie schwitzte
der See, die Seen
sehen, sie sah
sehr
ihr seid
seit
selbst
selten
senden,
sie sandte
der September
setzen, er setzte
sieben, siebte
siegen, sie siegte
der Sieger, die Sieger
das Silvester,
die Silvester
singen, er sang
sinken, es sank
sitzen, sie saß
der Ski, die Skier
der Sohn, die Söhne
die Sonne, die Sonnen
sorgen,
er sorgte
die Soße, die Soßen
spannend
der Spaß, die Späße

spät (M)

spazieren (~),

er spazierte (~)

● der Speck (→)

spenden (~),

sie spendete

● der Spiegel (~), die Spiegel

● das Spiel (~), die Spiele

spitz (→)

● der Sport (~)

● die Sprache (~),

die Sprachen

● der Spruch (~), die Sprüche

sprühen (~),

er sprühte (→)

● die Spur (~), die Spuren

spüren (~), er spürte

● die Stadt (M), die Städte (⚡)

● der Stamm (→),

die Stämme (⚡)

stark (~)

● der Start (~), die Starts (M)

starten (~), sie startete

● der Staub (→)

staunen (~), er staunte

stecken (~),

er steckte (→)

stehen (~), sie stand (→)

stehlen (M), er stahl (M)

steigen (~), sie stieg (→)

● die Stelle (~), die Stellen

stellen (~), er stellte

● der Stern (~), die Sterne

sie stieß (M)

● der Stift (~), die Stifte

still (→)

● die Stimme (~),

die Stimmen

stimmen (~),

sie stimmte (→)

● der Stock (→), die Stöcke (~)

● der Stoff (→), die Stoffe (~)

stolz (~)

stören (~), sie störte

stoßen (M), sie stieß (M)

strahlen (M), er strahlte

● die Straße (M), die Straßen

● der Strauch (~),

die Sträucher (⚡)

● der Strauß (M),

die Sträuße (⚡)

● die Strecke (~), die Strecken

● der Streit (~), die Streits (M)

streiten (~),

sie stritt (→)

● das Stück (→), die Stücke (~)

● die Stunde (~), die Stunden

● der Sturm (~), die Stürme

stürmen (~), es stürmte

stürzen (~), er stürzte

stützen (~),

sie stützte (→)

● der Südpol (→)

surfen (M), er surfte

süß (M)

T/t

● die Tafel (~), die Tafeln

● der Tag (→), die Tage (~)

täglich (⚡)

● die Tante (~), die Tanten

tapfer (~)

● die Tasche (~), die Taschen

tausend (→)

● das Taxi (M), die Taxis

● die Technik (~),

die Techniken

● der Tee (M)

● der Teer (M)

● der Teich (~), die Teiche

● der Teilnehmer (M),

die Teilnehmer

● das Telefon (~),

die Telefone

telefonieren (~),

sie telefonierte

● der Teller (~), die Teller

● die Temperatur (~),

die Temperaturen

teuer (~)

● der Text (~), die Texte

● das Theater (M), die Theater

● das Thema (M), die Themen

tief (~)

● das Tier (~), die Tiere

● der Tiger (M), die Tiger

● der Tisch (~), die Tische

● der Tod (→), die Tode (~)

● die Torte (~), die Torten

tot (~)

tragen (~), er trug (→)

trainieren (M),

sie trainiert

traurig (→)

treffen (~), er traf (~)

trennen (~),

sie trennte (→)

treten (~), er tritt (→),

er trat (~)

trinken (~), sie trank (~)

trocken (~)

tropfen (~), es tropfte

trotzdem (~)

trüb (↪)
- das Tuch (〜), die Tücher
- die Tür (〜), die Türen
    turnen (〜), er turnte
- das Turnier (〜), die Turniere
- die Tüte (〜), die Tüten

U/u

üben (〜), sie übte (↪)
über (〜)
überall (↪)
überqueren (〜),
sie überquerte
übrig (↪)
und (M)
- der Unfall (↪),
    die Unfälle (⚡)
    ungefähr (M)
- das Unglück (↪),
    die Unglücke (〜)
    unter (〜)
- der Unterricht (〜)
    unterscheiden (〜),
    sie unterschied (↪)
- der Unterschied (↪),
    die Unterschiede (〜)
    unterschiedlich (↪)

V/v

- der Vater (M), die Väter (⚡)
    verabschieden (M),
    sie verabschiedete sich
- der Verband (M) (↪),
    die Verbände (⚡)
    verbieten (M),
    er verbot (M)
    verbrauchen (M),
    er verbrauchte

verbringen (M),
sie verbrachte (M)
verdienen (M),
er verdiente
- der Verein (M), die Vereine
    vergessen (M),
    sie vergaß (M)
- der Verkehr (M)
    verkehrssicher (M)
    verletzen (M),
    er verletzte (↪)
    verlieren (M),
    er verlor (M)
    verraten (M),
    sie verrät (⚡),
    sie verriet (M)
    verschlafen (M),
    er verschlief (M)
- das Versteck (M) (↪),
    die Verstecke (M) (〜)
    verstecken (M),
    sie versteckte (↪)
    verstoßen (M),
    es verstieß (M)
- der Versuch (M),
    die Versuche (M)
    verwandt (M)
- das Vieh (M)
    viel (M), viele (M)
    vielleicht (M)
    vier (M)
- das Virus (M)
    die Viren (M)
- der Vogel (M), die Vögel
    voll (M)
    vollständig (M) (↪) (⚡)
    vom (M)
    von (M)

voneinander (M)
vor (M)
voraus (M)
vorbei (M)
- die Vorfahrt (M),
    die Vorfahrten
    vorher (M)
    vorne (M)
- der Vorrat (M),
    die Vorräte (⚡)
- die Vorsicht (M)
    vorsichtig (↪)
    vorsorgen (M)
- der Vorteil (M), die Vorteile
    vorwärts (M)
- der Vulkan (M),
    die Vulkane

W/w

- die Waage (M),
    die Waagen
    wachsen (M),
    es wuchs (M)
- die Wahl (M), die Wahlen
    wählen (⚡), er wählte
    wahr (M)
    während (M)
- die Wahrheit (M)
- der Wald (↪),
    die Wälder (⚡)
- der Waldbrand (↪),
    die Waldbrände (⚡)
- der Waldrand (↪),
    die Waldränder (⚡)
- die Wand (↪),
    die Wände (⚡)
    es war (〜)
    warm (〜)

waschen,
er wusch

- das Wasser
wechseln,
sie wechselte
wecken,
sie weckte
- der Weg, die Wege
wegnehmen,
er nahm weg
- das Weihnachten
weiß
weit
weiter
welche
- die Welt, die Welten
wenn
werben, er warb
- die Werbung
werden,
sie wurde
werfen, er warf
wetten, sie wettete
- das Wetter
- der Wettlauf,
die Wettläufe
wichtig
wieder
wiegen, er wog
wild
- der Wind, die Winde
windig
wir
wirken, es wirkte
wirklich
wissen,
er wusste
wohl

wohnen,
sie wohnte
- die Wohnung,
die Wohnungen
wollen, sie will,
sie wollte
- das Wort, die Wörter
- der Wunsch,
die Wünsche
wünschen,
er wünschte
- die Wurzel,
die Wurzeln
- die Wut
wütend

Z/z

- die Zahl, die Zahlen
zählen, sie zählte
- der Zaun, die Zäune
- das Zeichen,
die Zeichen
- der Zeichentrickfilm,
die Zeichentrickfilme
zeichnen,
er zeichnete
zeigen, er zeigte
- die Zeit, die Zeiten
- die Zeitung,
die Zeitungen
- der Zettel, die Zettel
- das Zeugnis,
die Zeugnisse
ziehen, sie zog
- das Ziel, die Ziele
zielen, er zielte
ziemlich
zierlich

- das Zimmer, die Zimmer
zittern, sie zitterte
- der Zoo, die Zoos
zuerst
- der Zufall,
die Zufälle
- der Zug, die Züge
- die Zukunft,
die Zukünfte
zuletzt
zurück
zusammen
- der Zweig,
die Zweige
zwingen, er zwang
zwinkern,
er zwinkerte

Wichtige Fachbegriffe

Nomen

Nomen bezeichnen Menschen, Tiere, Pflanzen und Dinge.
Nomen haben die Artikel der, die, das, ein, eine.
Nomen können in der Einzahl und in der Mehrzahl stehen:
der Tisch – die Tische, die Tafel – die Tafeln, das Heft – die Hefte.

Fälle des Nomens

Nomen können in vier Fällen stehen. Man findet sie durch Fragen:
1. Fall, Nominativ:	der Vogel	*Wer oder was ...?*
2. Fall, Genitiv:	des Vogels	*Wessen ...?*
3. Fall, Dativ:	dem Vogel	*Wem ...?*
4. Fall, Akkusativ:	den Vogel	*Wen ...?*

Pronomen

Nomen kann man durch Pronomen ersetzen:
Maria – sie, Tim – er, Maria und ich – wir.

Verben

Wörter, die sagen, was jemand tut oder was geschieht,
nennt man Verben: wehen, strömen, ruhen.

Grundform und Personalform

Verben haben eine Grundform: ziehen.
Verben haben verschiedene Personalformen:
ich ziehe, du ziehst, er/sie/es zieht, wir ziehen, ihr zieht, sie ziehen.

Gegenwart und Vergangenheit

Verben können in verschiedenen Zeitstufen stehen:
Präsens:	Heute wohnt Lena in einem Dorf.
Futur:	Später wird sie in einer Stadt wohnen.
Präteritum:	Lenas Uropa arbeitete als Schmied.

für aufgeschriebene Vergangenheit

Perfekt:	Gestern hat Papa ein Gitter verziert.

für erzählte Vergangenheit

Adjektive

Adjektive beschreiben, wie etwas oder jemand ist.
Wenn Adjektive vor Nomen stehen, verändern sie sich:
Das Brot ist frisch – das frische Brot.

Vergleichs-stufen	Mit Adjektiven kann man vergleichen: Grundstufe: Der Wasserfrosch ist klein. 1. Vergleichsstufe: Der Grasfrosch ist kleiner. 2. Vergleichsstufe: Der Laubfrosch ist am kleinsten.
Satzarten	Nach Aussagesätzen steht ein Punkt: Die Kinder spielen Ball. Nach Fragesätzen steht ein Fragezeichen: Spielst du mit? Nach Aufforderungssätzen steht ein Ausrufezeichen: Au ja!
Satzglieder	Ein Satz besteht aus mehreren Satzgliedern. Ein Satzglied kann ein Wort oder mehrere Wörter haben. Satzglieder kann man vertauschen: Ich spiele heute mit Anna. Heute spiele ich mit Anna.
Subjekt und Prädikat	Subjekt und Prädikat sind Satzglieder. Mit der Frage *Wer oder was …?* findet man das Subjekt. Mit *Was geschieht?* oder *Was tut …?* findet man das Prädikat. Das Prädikat kann aus zwei Teilen bestehen: Achmet liest im Waldlexikon. Wir räumen den Wald auf.
Objekt	Ein Satz kann ein oder mehrere Objekte haben. Mit der Frage *Wem …?* findet man das Dativobjekt. Mit *Wen oder was …?* findet man das Akkusativobjekt. Die Lehrerin erklärt den Kindern die Aufgabe.
Wörtliche Rede und Redebegleitsatz	Was gesprochen wird, heißt wörtliche Rede. Sie steht in Redezeichen. Redebegleitsätze geben an, wer spricht. Sie stehen vor, in oder nach der wörtlichen Rede: Simon ruft: „Oh ja, ich wünsche mir ein neues Fahrrad." „Oh ja", ruft Simon, „ich wünsche mir ein neues Fahrrad." „Oh ja, ich wünsche mir ein neues Fahrrad", ruft Simon.

Lernzusammenhänge

Kapitel	Sprechen und zuhören	Lesen – mit Texten und Medien umgehen	Schreiben (Texte verfassen)
Miteinander S. 4–9	sich an den eigenen Schulanfang erinnern; über Lernerfahrungen sprechen; Erinnerungsplakate erstellen (4)	Arbeitsanweisungen lesen und verstehen (4–9); altersgemäße Texte sinnverstehend lesen (5); lebendige Vorstellungen beim Lesen und Hören literarischer Texte entwickeln (7); gezielt einzelne Informationen suchen (8)	Erlebnisse aufschreiben: fremde, eigene, mithilfe von Stichworten, frei (5) **Texte verfassen** SB (134), AH (56)
Herbstwind S. 10–15	Sachverhalte beschreiben; sich in unterschiedlichen Medien zu einem Thema informieren (10)	Arbeitsanweisungen lesen und verstehen (10–15); Informationen in unterschiedlichen Medien suchen (10); Texte genau lesen (11); gezielt einzelne Informationen suchen (13)	Text erfassen, falsche Aussagen erkennen; Text überarbeiten: Pronomen einsetzen, Satzglieder umstellen; Sätze in logische Reihenfolge bringen (11); verbale Spannungselemente erkennen; Adjektive nach semantischen Kriterien ordnen; Nomen zu Adjektiven finden; eine Geschichte spannend zu Ende schreiben (12) **Texte verfassen** SB (146), AH (68)
Es wächst und grünt S. 16–21	funktionsangemessen sprechen: angeregt durch Bilder, Erlebnisse und Eindrücke zum Thema Wald erzählen (16)	Arbeitsanweisungen lesen und verstehen (16–21)	den Hauptteil einer Geschichte auswählen und den Höhepunkt spannend ausgestalten; den Schluss einer Geschichte erfinden; Geschichten in einer Schreibkonferenz besprechen (17) **Texte verfassen** SB (136), AH (58)
Winterkälte S. 22–27	sich über einen Begriff informieren, vermuten und begründen; Stichworte notieren; funktionsangemessen sprechen: andere informieren (22)	Arbeitsanweisungen lesen und verstehen (22–27); Informationen in unterschiedlichen Medien suchen (22); Texte mit eigenen Worten wiedergeben, verschiedene Medien für Präsentationen nutzen (23); genau lesen: Nomen in vier Fällen einsetzen (24); gezielt einzelne Informationen suchen (26)	Informationen aus einem Text in Form eines Steckbriefs festhalten; mithilfe von Stichworten einen Sachtext schreiben; selbstverantwortlich ein Thema auswählen und sich informieren (23) **Texte verfassen** SB (126), AH (48)
Zeit vergeht S. 28–33	Beobachtungen und Vermutungen anstellen (28)	Arbeitsanweisungen lesen und verstehen (28–33); genau lesen: Verbformen unterscheiden (30), Verbformen passend einsetzen (31)	Beschreibung von Gebäuden aus passenden Sätzen zusammenstellen; selbstständig die Beschreibung eines Wohngebäudes erstellen (29) **Texte verfassen** SB (128), AH (50)
Das bin ich S. 34–39	Szenen beschreiben, die Gefühle der Beteiligten verstehen und benennen; Perspektiven einnehmen, sich in eine Rolle hineinversetzen (34)	Arbeitsanweisungen lesen und verstehen (34–39); Unterschiede und Gemeinsamkeiten von Texten finden (35)	Mitteilungen an unterschiedliche Adressaten unterscheiden und verfassen (35) **Texte verfassen** SB (138), AH (60)

Sprache und Sprachgebrauch untersuchen

Schreiben
(Richtig schreiben)

Wortarten und Fachbegriffe wiederholen: Nomen, Artikel, zusammengesetzte Nomen, Pronomen (6); Wortarten und Fachbegriffe wiederholen: Adjektive: Vergleichsstufen, Verben: Personalformen, Zeitstufen (7)
Sprache untersuchen SB (104), AH (26)

Wörter mit ck und tz mit der passenden Verlängerung aufschreiben; zusammengesetzte Nomen mit ck und tz bilden (8)
Richtig schreiben SB (86), AH (8)

Verben mit Wortbausteinen im Text und im Wörterbuch finden, Verben mit Wortbausteinen bilden und flektiert in Sätzen verwenden (13)
Sprache untersuchen SB (106), AH (28)

zu Wörtern mit ä und äu regelmäßige und unregelmäßige Ableitungen finden; Lückenwörter mit e/ä und eu/äu durch Ableiten richtig schreiben (14)
Richtig schreiben SB (90), AH (12)

Fachbegriffe „Subjekt" und „Prädikat" wiederholen; mit Satzgliedern sinnvolle Sätze bilden; mithilfe von Fragen Subjekte und Prädikat identifizieren (18); über die Erfahrung in einem Waldklassenzimmer sprechen; mithilfe von Stichworten Sätze dazu formulieren; zweiteilige Prädikate kennenlernen (19)
Sprache untersuchen SB (116), AH (38)

Wörter mit Doppelkonsonant am Wortende üben; Rechtschreibhilfe „Wortverlängerung" bei Nomen, Verben und Adjektiven anwenden (20)
Richtig schreiben SB (82), AH (4)

vier Fälle des Nomens kennenlernen; mithilfe der Wer-oder-was-Frage erkennen, dass das Subjekt immer im 1. Fall steht (24); Nomen mit unterschiedlichem grammatischen Geschlecht deklinieren (25)
Sprache untersuchen SB (114), AH (36)

Verlängerungen zu Wörtern mit Doppelkonsonant am Wortstammende finden und zum richtigen Schreiben nutzen (26)
Richtig schreiben SB (84), AH (6)

Texte im Hinblick auf Zeitstufen untersuchen; Präteritum und Perfekt in eine Tabelle ordnen und selber bilden (30); Fachbegriffe „Präsens" und „Futur" kennenlernen; Zeitstufe Futur kennenlernen und in Sätzen anwenden; Personalformen im Futur aufschreiben (31)
Sprache untersuchen SB (110), AH (32)

Verlängerungen und Ableitungen Wörtern im Text zuordnen und selber finden; Überlegungen zum eigenen Berufswunsch anstellen (32)
Richtig schreiben SB (98), AH (20)

die Fachbegriffe „Subjekt" und „Prädikat" verwenden; den Fachbegriff „Objekt" kennenlernen; mithilfe von Fragen Dativobjekte in Sätzen erkennen (36); Objekte im Wem- und Wen-Fall kennenlernen und im Satzzusammenhang anwenden (37)
Sprache untersuchen SB (118), AH (40)

eigene Stärken und Schwächen benennen; Verben und Nomen mit silbentrennendem h richtig schreiben (38)
Richtig schreiben SB (88), AH (10)

Kapitel	Sprechen und zuhören	Lesen – mit Texten und Medien umgehen	Schreiben (Texte verfassen)
Tieren auf der Spur S. 40–45	funktionsangemessen sprechen: Sachverhalte beschreiben; Fachbegriffe benutzen; Informationen in Medien suchen (40)	Arbeitsanweisungen lesen und verstehen (40–45); Informationen in unterschiedlichen Medien suchen (40); Unterschiede und Gemeinsamkeiten von Texten finden (41); Texte genau lesen: Adjektive finden (42), Konsonanten und Vokale sinnvoll einsetzen (43); eigene Gedanken zu Texten entwickeln (44)	Erlebnisse am Teich erzählen; anderen aufmerksam zuhören; Verhaltensregeln am Teich aufschreiben; E-Mails mit der Bitte um Informationsmaterial beurteilen und verfassen (41) **Texte verfassen** SB (140), AH (62)
Frühlingsduft S. 46–51	ein Vorhaben beschreiben; funktionsangemessen sprechen: informieren, Fachbegriffe benutzen (46)	Arbeitsanweisungen lesen und verstehen (46–51); Sachtexte lesen und verstehen, in Texten gezielt Informationen finden (47); Dialoge vortragen (48); Texte genau lesen: Wortfamilien finden (50)	mithilfe von Textvorgaben Funktionsweisen von Fahrradtechnik beschreiben; Handbremse und Dynamo (47) **Texte verfassen** SB (130), AH (52)
Bühne frei S. 52–55	ein Bild beschreiben; Fachbegriffe aus dem Bereich Theater kennenlernen und besprechen (52)	Gebrauchstexte lesen: ein Stehauf-Theater kennenlernen (53); ein Märchen lesen, dialogisches Lesen, szenisches Spiel (54/55)	
Freizeit S. 56–61	zu anderen Meinungen Stellung nehmen; eigene Wünsche und Vorstellungen treffend begründen (56)	Arbeitsanweisungen lesen und verstehen (56–61); Sach- und Gebrauchstexte kennen: Diagramme (57); Texte genau lesen: Merkwörter einsetzen (60)	einem Diagramm Informationen entnehmen; eine Umfrage machen: eigene Meinung äußern und zu anderen Meinungen Stellung nehmen (57) **Texte verfassen** SB (144), AH (66)
Medien S. 62–67	diskutieren: eigene Meinung und Ideen zum Projekt Klassenzeitung einbringen, die Beiträge anderer aufgreifen; eine gemeinsame Planung erarbeiten (62)	Arbeitsanweisungen lesen und verstehen (62–67); Texte genau lesen: passende Sätze auswählen (63), Nomen mit Wortbausteinen finden (65), Wörter mit ß finden (66)	einen Text auf Orts- und Zeitangaben hin untersuchen; Merkmale der Textsorte Bericht kennenlernen; eigenen Bericht schreiben (63); Texte sinnverstehend lesen, Wortbedeutungen erklären; Ideen formulieren und Ideensammlung anlegen; zum Thema Kinderrechte schreiben (66) **Texte verfassen** SB (132), AH (54)
Sommerhitze S. 68–73	funktionsangemessen Sprechen: zu Bildern erzählen; sich über Sommerbräuche und Feste informieren und austauschen (68)	Arbeitsanweisungen lesen und verstehen (68–73); genau lesen: Lückenwörter ergänzen (72)	einfache Korrekturzeichen zur Überarbeitung nutzen; Hinweise zur Überarbeitung entwickeln, beurteilen und umsetzen; Text nach bestimmten Kriterien im Rahmen einer Schreibkonferenz untersuchen (69) **Texte verfassen** SB (148), AH (70)
Ich liebe Bücher S. 74–77	Vermutungen zu Buchinhalten äußern; Hypothesen bilden (74)	Arbeitsanweisungen lesen und verstehen (74–77); Informationen in unterschiedlichen Medien suchen, die eigene Leseerfahrung beschreiben: Lesetagebuch (75); Kriterien für einen Textabschnitt bestimmen; einen passenden Textabschnitt auswählen (76); ein Kinderbuch selbst auswählen, eine Buchvorstellung planen, vorbereiten, interessant gestalten und durchführen (77)	Informationen zu einem Autor und Buch sammeln und zusammenfassen; ein Lesetagebuch schreiben (75) **Texte verfassen** SB (142), AH (64)

Sprache und Sprachgebrauch untersuchen

Funktion von Adjektiven in Texten untersuchen; Adjektive nach Vergleichsstufen ordnen; Textverständnis überprüfen (42); die Fachbegriffe „Vokal" und „Konsonant" kennenlernen und festigen; Vokale und Konsonanten in Lückentexte einsetzen; Vokallänge in Wörtern abhören und unterscheiden (43)
Sprache untersuchen SB (112), AH (34)

Gespräch mit verteilten Rollen lesen; Verben aus dem Wortfeld „sprechen" auswählen; Gespräch mit Redebegleitsatz und wörtlicher Rede notieren (48); verschiedene Stellungen des Redebegleitsatzes kennenlernen und im Textzusammenhang anwenden; Anführungszeichen richtig setzen (49)
Sprache untersuchen SB (120), AH (42)

Besonderheiten von Werbeanzeigen untersuchen (Bilder, Texte); typische Werbewörter (z. B. aus der englischen Sprache) sammeln; Werbewörter erfinden (58); aus einer Wörtersammlung Adjektive auswählen und Werbeprodukten zuordnen; Schreibhilfen für eigene Werbesprüche nutzen; Adjektive mit den Wortbausteinen -lich, -ig, -isch, -los bilden (59)
Sprache untersuchen SB (122), AH (44)

Bildung von Nomen mit den Wortbausteinen -heit , -keit, -ung und -nis; Anwendung der Großschreibung bei abgeleiteten Nomen (65)
Sprache untersuchen SB (108), AH (30)

Redewendungen vom Feuer in Text und Bild erklären; englische und deutsche Redewendungen vergleichen; Redewendungen in Mundart lesen und erklären (71)
Sprache untersuchen SB (124), AH (46)

Schreiben (Richtig schreiben)

über Rettungsaktionen für Kröten sprechen; Merkstellen in Merkwörtern markieren; Wörter Rechtschreibstrategien zuordnen (44)
Richtig schreiben SB (100), AH (22)

von eigenen Erlebnissen berichten; Wörter einzelner Wortfamilien finden und ordnen; Wortfamilien selbstständig zusammenstellen (50)
Richtig schreiben SB (96), AH (18)

Lückenwörter passend in einen Text einsetzen; nach semantischen Kriterien das richtige Merkwort auswählen (60)
Richtig schreiben SB (92), AH (14)

einen Bericht über den Weltkindertag lesen; Wörter mit ß finden und nach Wortfamilien ordnen (66)
Richtig schreiben SB (94), AH (16)

Wörter mit eu, ä und äu üben; Rechtschreibhilfen für die Schreibung mit Umlaut erproben; Wortfamilien (72)
Richtig schreiben SB (102), AH (24)

Jo-Jo

Sprachbuch 4

Erarbeitet von	Frido Brunold, Susanne Mansour, Sandra Meeh, Henriette Naumann-Harms, Rita Stanzel, Monika Praast, Martin Wörner
Fachliche Beratung zur Silbenstrategie	Günter J. Renk
Unter Beratung von	Stephanie Aschenbrandt (Berlin), Katharina Böer (Wedemark), Katharina Mowitz (Detmold), Nina Tholen (Oldenburg), Monika Reiff (Kusterdingen), Angela Witt (Hamburg)
Redaktion	Gabriela Korup, Elisabeth Wagner
Illustrationen	Axel Nicolai (in Anlehnung an die Illustrationen von Gabriela Silvera), Gabriela Silvera, Vera Schmidt, Imke Sönnichsen
Umschlagillustration	Barbara Jung
Gesamtgestaltung und technische Umsetzung	Heike Börner

www.cornelsen.de

Die Webseiten Dritter, deren Internetadressen in diesem Lehrwerk angegeben sind, wurden vor Drucklegung sorgfältig geprüft. Der Verlag übernimmt keine Gewähr für die Aktualität und den Inhalt dieser Seiten oder solcher, die mit ihnen verlinkt sind.

1. Auflage, 3. Druck 2018

Alle Drucke dieser Auflage sind inhaltlich unverändert und können im Unterricht nebeneinander verwendet werden.

Druck: Mohn Media Mohndruck, Gütersloh

ISBN 978-3-06-083630-7 (Schülerbuch)
ISBN 978-3-06-081002-4 (E-Book)

PEFC zertifiziert
Dieses Produkt stammt aus nachhaltig bewirtschafteten Wäldern und kontrollierten Quellen.

PEFC
PEFC/04-31-1033

www.pefc.de